Therese von Lisieux
Ihm kann ich alles sagen

Therese von Lisieux

Ihm kann ich alles sagen

Gebete der Liebe

Mit einer Einführung von Waltraud Herbstrith

VERLAG NEUE STADT
MÜNCHEN · ZÜRICH · WIEN

Ein Buch aus der Reihe: *Gebete großer Christen*

Die Deutsche Bibliothek – CIP-Einheitsaufnahme

Thérèse <de l'Enfant Jésus>:
Ihm kann ich alles sagen: Gebete der Liebe /
Therese von Lisieux.
- 3. Aufl. - München ; Zürich ; Wien :
Verl. Neue Stadt, 1997
(Ein Buch aus der Reihe
Gebete grosser Christen)
ISBN 3-87996-349-5

1997, 3. Auflage

Satz: Schwanke + Holzmann GmbH, München
Druck: MZ-Verlagsdruckerei, Memmingen
ISBN 3-87996-349-5

Zur Einführung

Für Therese von Lisieux, die im Karmel von Lisieux in Frankreich mit 24 Jahren starb, hat die Haltung des Menschen vor Gott etwas mit unserem konkreten Alltag zu tun. Therese wurde berühmt durch ihre Lehre vom „kleinen Weg". Sie will sagen, entweder finden wir Gott in den Dingen und Handlungen des Alltags, oder wir finden ihn nicht. Mystik heißt für sie, Gott, den Geheimnisvollen, in uns selbst zu erfahren und in den Mitmenschen, die uns begegnen. In einer Zeit, in der den Gläubigen die Lektüre der Heiligen Schrift noch weitgehend verschlossen war, las sie eifrig in den Evangelien[1] oder in den prophetischen Büchern des Alten Testaments. Aus dieser Lektüre erfuhr sie, daß Jesus unser Nächster ist, daß er sich als Bruder auf unseren Weg gesellen möchte. Diesen Jesus der Evangelien nahm sie sich zum Maßstab, wollte seine Gestalt auch ihren Novizinnen im Unterricht und in der geistlichen Begleitung vermitteln. Therese lehnte mystische Höhenflüge oder übertriebene Heiligenverehrung ab. Die Heiligen, sagte sie, waren Menschen wie wir, haben gelebt und gelitten wie wir. Was sie von uns unterscheidet, ist ihre leidenschaftliche Liebe zu Jesus, ihre Wahrhaftigkeit und ihre Hingabe an den Mitmenschen.

Therese beobachtete an sich und an anderen, daß wir als Christen dazu neigen, große Erwartungen an uns und die Umwelt zu richten, daß wir aber am Anspruch der Wirklichkeit, wie er sich gerade jetzt, in diesem Augenblick, stellt, vorübergehen. Diese Erkenntnis, sagt Therese, verlangt von uns eine dauernde Selbstberichtigung, eine Selbstkontrolle, die uns immer wieder auf das Wesentliche ausrichtet. Therese kam es nicht so sehr darauf an, *was* wir gerade tun, sondern *wie* wir es tun. Sie fragte sich unaufhörlich: Wie gestalte ich den gegenwärtigen Augenblick, die vielen kleinen Dinge, die ich täglich tun muß? Sie erkannte, alle Maßstäbe, die wir an uns und an andere anlegen, zerrinnen zu nichts, wenn unsere größeren und kleineren Taten nicht aus der Liebe hervorgehen. Therese betonte den Wert des Augenblicks, unsere Hingabe an den Nächsten, an unsere Arbeit jetzt und hier. Sie sprach nicht von der Wichtigkeit des Erfolgs, nach dem wir doch im allgemeinen alles bemessen.

In unserer leistungs- und karrierebezogenen Zeit kann uns Therese zur Schlichtheit des Evangeliums zurückführen, kann sie uns zeigen, daß echte Liebe nicht meßbar oder verrechenbar ist. Mystik im Alltag leben heißt für sie, einen Gott erfahren, der uns Vertrauen schenkt, der uns annimmt. Wir stellen uns oft einen Gott vor, der Leistungen von uns verlangt, der uns kontrolliert wie ein Aufseher. Dies ist aber nicht der Gott der Schrift, nicht der Vater Jesu Christi. Sich von Jesus an die Hand nehmen lassen heißt: Wir müssen uns um 180 Grad drehen in unserem einseitigen, oberflächlichen Tun. Jesus sagte nicht: „Wenn ihr

Großartiges geleistet habt, werdet ihr in das Himmelreich eingehen“, sondern er stellte ein Kind in die Mitte der Jünger, als sie sich um die Ehrenplätze im Reich Gottes stritten.

Dieses Kindsein vor Gott wurde oft falsch ausgelegt, als müßten gläubige Christen unselbständige, fremdbestimmte Menschen sein. In der Nachfolge Jesu will Therese uns zu verantwortlichen Menschen erziehen. Das Evangelium zeigt uns, daß im Kindsein Haltungen sind, die wir auch als Erwachsene nicht verlieren dürfen. Kindsein ist wie ein Anfangskapital, eine Vorgabe, in der wir Gutes finden, aber auch weniger Gutes, das im Reifungsprozeß abgelegt werden muß. Jesus und mit ihm Therese fordern vom Glaubenden Offensein, Staunen- und Vertrauenkönnen, wie wir es bei Kindern finden. „Amen, das sage ich euch: Wenn ihr nicht umkehrt und wie Kinder werdet, könnt ihr nicht in das Himmelreich kommen. Wer so klein sein kann wie dieses Kind, der ist im Himmelreich der Größte“ (Mt 18,3-4).

Wer je Liebe erfahren hat, wer je andere geliebt hat, weiß, daß Liebe großmachen und beglücken kann, aber nur dann, wenn der Liebende sich in seinen Ansprüchen zurücknehmen, sich klein machen kann, damit der andere, sei es Gott, sei es der Mitmensch – und wer könnte beide trennen? –, Raum in uns gewinnen kann. Entscheidend ist für Therese, ob wir als Menschen Liebende sind, die sich und andere aus Trennung zur Einheit führen, die ihre Mitmenschen nicht ausbeuten und benützen, sondern zu ihrer Entfaltung und Reifung beitragen.

Therese hat viel von der Bewußtseinslage des heutigen Menschen an sich. Sie war eine sensible, experimentierende Natur. Die Gewalt der Zerstörung, die unsere Erde heute bedroht, machte sich bei ihr bemerkbar als Erfahrung der Zerstörung von innen her. In einer Umgebung, die solche Erfahrungen tabuisierte, waren ihr Zweifel an Gottes Existenz und das Gefühl des Ausgeliefertseins im „Nichts" vertraut. Therese war nur acht Jahre älter als Papst Johannes XXIII. Obwohl sie im vorigen Jahrhundert starb, hat ihre Lehre über die Güte und das Erbarmen Gottes dazu beigetragen, die Theologie des Zweiten Vatikanischen Konzils vorzubereiten. Wie Papst Johannes XXIII. in der Kirche eine neue Sicht des Menschen weckte und förderte, hat Therese durch ihre Glaubenserfahrung, ihre Haltung vor Gott, dem Ordensleben „die Menschlichkeit" zurückgegeben, die feinen und tieferen Gefühle für den Nächsten. Anfänglich geprägt von asketischen Idealvorstellungen, erkannte sie bald, daß Rigorismus lebensfeindlich ist. Sie, die in ihrer Todeskrankheit Opfer unangebrachter Härten im Ordensleben wurde, wünschte, wie alle Liebenden, für die Nachkommenden das Bessere, das, was Leben ermöglicht.

Therese schenkte in ihrem Verhalten zu ihren Mitschwestern, und in ihrer Lehre, dem Menschen ein neues Vertrauen zu sich selbst. Sie gab ihm Würde und Selbstachtung in der Banalität seines Daseins. Gott, der im Menschen Jesus unser Nächster wurde, bleibt gleichzeitig der nicht zu vereinnahmende, der verborgene Gott, der allen Menschen in gleicher Weise nahe ist.

Zur Tragik in Thereses Leben und Sendung gehört, daß sie, wie Hans Urs von Balthasar es einmal formulierte, „mit den Waffen des Kitsches" gegen den religiösen Kitsch ihrer Zeit kämpfen mußte. Die Waffen des Kitsches waren ihre blumenreiche französische Sprache des ausgehenden 19. Jahrhunderts[2]. Diese Sprache gab zu vielen Mißverständnissen Anlaß. Sie überdeckte lange Zeit die herbe, aktive und lebensbejahende Natur der Normannin.

Was ist Heiligkeit?

Während bei vielen Heiligen der Kirchengeschichte natürliche Gaben und außerordentliches Können von der Gnade Gottes verwandelt und in Dienst genommen wurden, gehört Therese mehr zu jenen Gestalten, die wie Bernadette Soubirous, Benedikt Labre, der Pfarrer von Ars, Papst Johannes XXIII. fast plötzlich und unerwartet durch die Liebe des Volkes „heiliggesprochen" wurden. Therese war im Bewußtsein der Christen keine Große. Groß waren an ihr nur die Sehnsucht, Gott zu lieben, und ihr Verlangen, für die Menschen betend und opfernd da zu sein.[3] Alles andere ist normaler Durchschnitt: Begabung, Umwelt, Ordensleben.

Sie selbst war hellsichtig für das, was Gott in der Kirche mit Heiligkeit beabsichtigt. Als man ihr auf dem Sterbebett Komplimente wegen ihrer Tugend, ihrer

Liebenswürdigkeit und ihrer Heiligkeit machte, bot sie ihre ganze Schlagfertigkeit auf, um den anderen ihr falsches Denken über die Heiligkeit begreiflich zu machen: „Was kümmert's mich, ob ich es bin oder eine andere, die den Seelen diesen Weg zeigt; wenn er nur gezeigt wird, auf das Werkzeug kommt es nicht an!"[4] oder: „Nein, ich bin keine Heilige; ich habe nie die Taten der Heiligen vollbracht. Ich bin eine ganz kleine Seele, die der liebe Gott mit Gnaden überhäuft hat."[5]

Therese war nüchtern. Obwohl im Ausdruck dem Stil ihrer Zeit verhaftet, durchbrach ihre Wahrheitsliebe die Klischees ihrer Zeit. Wie sie sich selbständig einen Zugang zur Heiligen Schrift bahnte, über Marienverehrung und die Barmherzigkeit Gottes ihr eigenes Urteil hatte, so löste sie die von der Kirche anerkannte Heiligkeit aus dem zeitgenössischen Verständnis der Leistung und Werkgerechtigkeit heraus und stellte sie wieder in die Wirklichkeit des Evangeliums, in der auch der Gerechteste sich als „unnützer Knecht" versteht. Glücklicherweise gewann sie mit ihrer Sanftmut und Überzeugungskraft ihre leiblichen Schwestern im Karmel und ein paar Novizinnen für ihren „kleinen Weg", so daß nach ihrem Tod ihre Lehre rasch die Reise um die Welt antrat.

Zu ihrer Schwester Céline sagte Therese: „Es gibt Heilige, die wir kennen, weil sie uns näher sind, aber das bedeutet nicht, daß das die größten Heiligen sind. Auch die Sterne erscheinen uns ja größer oder kleiner je nach ihrer Entfernung, aber ihre wahre Größe kennt Gott allein. Manche, die uns als die kleinsten erscheinen oder andere, die wir nicht einmal mehr sehen, sind unvergleichlich schöner als jene, die wir für die schönsten halten ... Ich habe einmal gelesen: ‚Die Liebe der Heiligen untereinander in der Ewigkeit ist nicht abhängig von ihrer Größe und ihrem Ruhm. Sie werden füreinander Sympathie empfinden. Ganz kleinen Seelen werden wir mit viel größerer Zuneigung begegnen als anderen, die viel heiliger sind.‘ Dieser Gedanke hat mich immer begeistert ... Wer liebt hier auf Erden völlig selbstlos?“[6]

Gleich Edith Stein fühlte sich Therese von Kindheit an für den Ruhm bestimmt. Ihre Vorliebe galt der Patronin Frankreichs, der jungen, kämpferischen Jeanne d’Arc. In dem Maß aber, wie Therese den Sinn der Stellvertretung, der Erlösung im gekreuzigten Christus erkannte, sah sie ihren Ruhm in der Gleichgestaltung mit ihm.[7]

Thereses heiterer, wacher Geist verband sich mit einer übersensiblen seelischen Leidensfähigkeit. Letztere wurde ihr zum Material, an dem sie ihren „kleinen Weg“ entwickelte und erprobte. Alles, was nicht der Durchsichtigkeit und Klarheit dieses evangelischen Weges entsprach, wurde auf seine richtigen Proportionen gebracht. Sie erinnert an Franziskus, der sich und die Seinen Minderbrüder, das heißt die Kleinen, nannte und mit Leidenschaft den Maßstab des Evangeliums an sein Werk legte, inmitten einer reichen, mächtigen Kirche. Ähnlich wie bei ihm wurde auch bei Therese die Vorliebe für das Kleine und Unbedeutende verniedlicht und verkitscht, so daß ihre Sendung in ein falsches Licht geriet. Wohl ahnte man das Echte, aber alles versank unter einer einseitigen Schminke und

Retouche. Erst die Herausgabe der „Manuscrits autobiographiques“ 1957 (deutsch: Selbstbiographische Schriften, Einsiedeln 1958 – vorher: Geschichte einer Seele), die herrlichen, unretouchierten Fotos 1961 (vgl. Therese von Lisieux, wie sie wirklich war, Einsiedeln 1961) und die „Derniers Entretiens“ 1971 (vorher: Novissima Verba) zeigen uns die wahre, unverbogene Menschlichkeit der Heiligen.

Glaube – ohne Sicherung

Was den modernen Leser anzieht und ihm Hilfe auf seinem Weg zu Gott sein kann, ist Thereses Nüchternheit gegenüber allen außerordentlichen Phänomenen des religiösen Lebens, ihr Sich-Einlassen auf den Glauben der Schrift ohne Sicherungen. Gott ist bei ihr nicht ein Gott religiöser Systeme und mystischer Höhenflüge, die Seele nicht ein Experimentierfeld geistlicher Selbstbespiegelung; Gott ist der Vater Jesu Christi, der in Armut und Schwachheit gelebt und uns allen, nicht nur den religiös Interessierten, ein Beispiel gegeben hat. Gott verlangt von uns nüchternes, konkretes Tun. Nur indem wir die Nachfolge Jesu „tun“, erhalten wir Licht für den nächsten Schritt. Ein uferloses Sichfallenlassen in die Barmherzigkeit Gottes: Das ist Thereses Weg. Sie lehrte nichts, was sie nicht selbst erprobt hatte. Zugleich ist es der Blick nach vorn in die Zukunft, das Sich-Ausrichten auf das Eschaton, das Kommende, was Thereses Lehre so dynamisch macht. Sie war wie ein Mensch auf dem Sprung. Doch erwartete sie die Ewigkeit nicht, um auszuruhen, sondern um weiterzuarbeiten hier auf Erden, um alle heimzuholen. Therese hatte keine Angst vor Gericht, Fegefeuer und Hölle. Sie kannte nur eine Sorge: der Liebe nicht zu genügen, und so war es ihre größte Prüfung, wenn Zweifel an der Existenz Gottes sie überfielen.

In einer Zeit, die den christlichen Glauben umfunktionieren möchte „in eine revolutionäre Kraft im Dienst einer besseren und gerechteren Gesellschaftsordnung“, die mit einer „Transzendenz nach vorne“ operiert, ist Thereses Zeugnis für eine „Transzendenz nach oben“, die „Hoffnung auf Gnade“ ist, unerläßlich. Ihr biblisches Denken erweist sich als eine Theologie der Gnade, die zugleich Theologie der Hoffnung ist. „Der biblische Gott ist nicht immer bei den stärkeren Bataillonen und bei denen, die die Zukunft machen. Er ist auch und gerade der Gott der Zu-kurz-Gekommenen, der Kleinen und derer, die so arm und schwach sind, daß sie keine Revolution machen und nichts beitragen können zum Fortschritt der Gesellschaft. Wenn er dennoch gerade diesen Ausgestoßenen Zukunft verheißt, dann muß dies offensichtlich eine andere Zukunft sein als die Zukunft, welche nur die Verlängerung der in der Wirklichkeit bereits angelegten Potenzen und Latenzen ist... Die Zukunft Gottes, welche der christliche Glaube bekennt, ist also nicht nur eine Zukunft von unten (*futurum*), sondern Zu-kunft im ursprünglichen Sinne des Wortes, Zukunft, welche sich menschlicher Planbarkeit und Machbarkeit entzieht und unableitbar auf uns zukommt (*adventus*).“[8]

Auf dieses Auf-uns-zu-Kommende hin entwarf Therese ihr Leben, und sie ahnte nicht, wie sehr ihr radikaler Einsatz Unzähligen einen Weg bahnte. Sie hatte den Mut, Gott zu lieben, auch wenn er sie töten sollte (vgl. Ijob 13,15). Einer Religion, die, im Unterschied zur Lehre des Evangeliums, in Werkgerechtigkeit und Haschen nach Verdienst, in Berechnung über Heil oder Unheil abgeglitten war, setzte sie in kühnem Vertrauen die „schwachen Bataillone“ entgegen.

Zu viel von Gott zu wissen, erkannte Therese auf ihrem Glaubensweg als Ballast. Nicht, weil sie Wissen oder Wissenschaft ablehnte; sie war begabt und wißbegierig genug. Sie sah jedoch, daß Spekulationen über Dinge, die wir nicht wissen können, das Geheimnis Gottes eher verstellen als erschließen. Ein Theologe sagte von ihr: „Wir, die wir uns *Lehrer in Israel* nennen, haben der Welt eine fremde Wissenschaft vorgetragen, für die auch die Gläubigen keine Zeit hatten. Da erbarmte sich der Herr der Menge, *nahm ein Kind und stellte es in ihre Mitte*, und es enthüllte ihnen Wahrheiten, die so einfach und doch zugleich so außergewöhnlich waren, daß die Lehrer ihre Armut erkennen mußten und sich daran machten, die Weisheit dieses Kindes dem Volke zu verkünden.“[9]

Gott bedarf der Liebe

Wenn Therese von Gott sprach, sprach sie vor allem von Jesus Christus. Sie lebte mit dem Christus der Evangelien, sie überdachte sein Leben als Mensch und versuchte, das ihre beständig daran auszurichten. So nüchtern, wie sie Maria sah, betrachtete sie Jesus: den Arbeitenden, Gehorsamen, den Wanderprediger, den der Liebe seines Geschöpfes Bedürftigen, den im Dienste der Menschen Ermüdeten und Erschöpften, den geduldigen Lehrer seiner Jünger, den Sehnsüchtigen, sich vor dem Tod Ängstigenden, den Gekreuzigten, den sie am liebsten als Toten betrachtete. „Er ist tot! Mir ist lieber, wenn man ihn tot darstellt, dann denke ich, er leidet nicht mehr."[10]

Gott war für Therese vor allem der Vater Jesu Christi. Mit Vorliebe meditierte sie das Vaterunser und das Ave-Maria. Sie haßte hastiges und wortreiches Beten. Gebetsübungen allein bringen den Menschen Gott nicht näher, sondern das „leere Herz". „Die Heiligkeit besteht nicht in dieser oder jener Übung. Sie besteht in einer Herzensbereitschaft, die uns demütig und klein in den Armen Gottes macht; durch sie werden wir uns unserer Schwäche bewußt und vertrauen bis zur Kühnheit auf die Güte des Vaters."[11] – „Mir bleibt nichts in den Händen. Alles, was ich habe, alles, was ich verdiene, ist für die Kirche, für die Menschen. Und würde ich auch achtzig Jahre alt werden, immer würde ich gleich arm bleiben."[12]

Therese besaß ein Gefühl für Gemeinschaft, für wechselseitiges Geben und Nehmen. Unter der Gemeinschaft der Heiligen, die auf Erden oft so wenig in Erscheinung tritt, verstand sie das „gemeinsame Herz". Sie liebte die Worte Abbé Arminjons: „Die Erwählten werden nur ein gemeinsames Herz haben ... Jeder wird reich sein am Reichtum aller, jeder sorgt für das Glück aller."[13]

Therese war überzeugt, daß ihre Sendung sich, trotz der Eifersucht der Menschen, erfüllen würde.[14] Gottes Erbarmen triumphiert über menschliches Stufen- und Rangdenken. „Ich begriff…, daß die Liebe unseres Herrn sich ebensogut in der einfachsten Seele offenbart, die in nichts seiner Gnade widersteht, wie in der erhabensten, da es das Eigentümliche der Liebe ist, sich zu erniedrigen."[15]

Wie für Teresa von Avila und Johannes vom Kreuz war auch für Therese die Sonne Symbol der Herrlichkeit und Wirksamkeit Gottes. Zwei Monate vor ihrem Tod sagte sie: „Als ich mich eben zum Fenster hinauslehnte, sah ich, wie die untergehende Sonne ihre letzten Strahlen über der Natur erglänzen ließ und die Spitzen der Bäume vergoldete. Da sagte ich mir: So wird auch meine Seele ganz glänzend und vergoldet erscheinen, da sie den Strahlen der Liebe ausgesetzt ist. Wenn die göttliche Sonne mir ihr Feuer nicht mehr zukommen ließe, würde ich alsbald in Dunkelheit und Finsternis versinken."[16]

Im Dunkel vertrauen

Dunkelheit und Finsternis erfuhr Therese im Alltag. Nicht, weil Gott ihr hier ferner gewesen wäre, sondern weil ihr nicht immer die Symbolkraft der Bilder zu Hilfe kam. Die körperlichen und seelischen Mühsale taten ein übriges, sie im Glauben, nicht im Schauen wandeln zu lassen. Therese erlebte in ihrer inneren Trockenheit den Glauben als Nacht.[17] „Es mag Christen geben, deren Meditation zur erlebten Unmittelbarkeit auf Gott und Jesus Christus hin durchsichtig wird. Wir sprechen von Mystik. Die geistlichen Lehrer mahnen zur Dankbarkeit – aber auch zur Demut und zur verantworteten Wachheit... Selbst in diesem Erlebnis ist also ein kritisches, meditativ-informatives Nachfragen notwendig."[18] Thereses Erkenntnis, daß Glaube nicht aus Gefühlen besteht, ihre Reduzierung der Askese auf sachgerechte Bewältigung des Alltags waren ein beständiges Hinterfragen und Neuansetzen im Glauben. Petitot sagt von ihr: „Im höchsten Maße besaß sie den gewöhnlichen, gesunden Menschenverstand. Und mit diesem gesunden Verstand hat sie die Richtung des geistlichen Lebens erneuert."[19] Thereses Weg ist „klein", weil alltäglich, von jedem gehbar. Er „enthebt uns nicht unserer gewohnten Pflichten, entzieht uns nicht unserer Verantwortung für die Welt, auch nicht im Kloster... er erkennt als einzige Form der Askese die Askese des wirklichen Lebens an, die von Gott gefügten Umstände des Lebens im Alltag. Der kleine Weg meint also kein Heraustreten aus dem normalen Alltag, sondern meint gerade, diesem normalen Alltag das Bleibende abzugewinnen durch nichts anderes als dadurch, daß ich die Pflichten, die mir durch den Beruf auferlegt sind, aus Liebe tue."[20]

Die schwere Glaubensprüfung gegen Ende ihres Lebens war gewissermaßen die Probe aufs Exempel. Therese, die von sich sagte: „Im Kampf war niemand tapferer als ich"[21], mußte bis zum letzten Atemzug kämpfend die Wahrheit ihrer Lehre erweisen, daß sie Gott um Gottes willen liebte und nicht zu ihrer eigenen Befriedigung. Bis zuletzt erprobte sie ihre Lehre, um jenen zu helfen, deren Anfechtung im Glauben nicht aus persönlicher Schuld entspringt, sondern aus einer lähmenden Atmosphäre kommt, die alles zu relativieren sucht.

Ehe Therese anderen einen Weg weisen konnte, mußte sie selbst erfahren, was wirkliches Fragen, was Glauben, was Stehen in der Wahrheit ist. Von ihrem Lebensvollzug kann man sagen: „Wirkliches Fragen ... rüttelt auf, stößt Sicherheiten um, bringt Ordnungen durcheinander. Wem einmal bewußt wurde, daß sein Glaube fraglich ist, daß die alten Fundamente nicht mehr tragen, der weiß, daß es um sein eigenes Sein geht ... Er wird gezwungen, Schein und Äußerlichkeit des Christentums hinter sich zu lassen. ‚Christentum heißt – ständige Umkehr'. Damit ist nicht nur eine Bußgesinnung ob irgendwelcher Vergehen gemeint, sondern in erster Linie das ständige Bemühen, richtiger und tiefer zu glauben. Genau hierzu aber verhilft das Fraglichwerden des Glaubens."[22]

Therese wurde in ihrem Kampf um die Liebe zu Gott und zum Nächsten nichts erspart. Gegenüber der radikalen Infragestellung des Glaubens hatte sie keine andere Waffe als ihr Lebenszeugnis der Hingabe. Menschliche Existenz als Angerufensein von der Liebe – inmitten aller Anfechtung –, das ist Thereses Leben und Lehre. Als sie mit nicht einmal fünfundzwanzig Jahren an Tuberkulose starb, war sie davon überzeugt, daß ihre Neuentdeckung des Evangeliums, seiner Botschaft an die Armen und Kleinen, vielen eine Hilfe sein würde. Und sie hat recht behalten. Aus dem unscheinbaren Samenkorn ihres Lebens und Sterbens ist eine Saat aufgegangen, die mit menschlichen Maßstäben nicht zu messen ist.

Waltraud Herbstrith
Edith-Stein-Karmel, Tübingen

Wie groß ist doch die Macht des Gebetes! Man könnte es mit einer Königin vergleichen, die allzeit freien Zutritt hat beim König und alles erlangen kann, worum sie bittet. Es ist durchaus nicht nötig, ein schönes, für den entsprechenden Fall formuliertes Gebet aus einem Buch zu lesen, um Erhörung zu finden. Träfe das zu, wie wäre ich zu bedauern!... Neben dem göttlichen Offizium [dem kirchlichen Stundengebet], das zu beten ich sehr unwürdig bin, habe ich nicht den Mut, mich zum Suchen schöner Gebete in Büchern zu zwingen, das macht mir Kopfweh, es gibt ihrer so viele!... Und dann ist eines schöner als das andere... Ich könnte nicht alle Gebete sprechen, und da ich nicht weiß, welches ich auswählen soll, mache ich es wie die Kinder, die nicht lesen können: Ich sage dem lieben Gott ganz einfach, was ich ihm sagen will, ohne schöne Worte zu machen, und er versteht mich immer... Für mich ist das Gebet ein Schwung des Herzens, ein einfacher Blick zum Himmel, ein Ruf der Dankbarkeit und der Liebe, aus der Mitte der Prüfung wie aus der Mitte der Freude; kurz, es ist etwas Großes, Übernatürliches, das mir die Seele weitet und mich mit Jesus vereint.

(Ms C = SS 254f)

Von Kindheit an

Beten heißt nicht:
viel reden,
sondern viel lieben.

Ich wähle alles

Als Therese 1895 ihre Lebensgeschichte aufschreibt, erinnert sie sich an ein Erlebnis aus ihrer Kindheit: Léonie, ihre zehn Jahre ältere Schwester, brachte einen Korb voller Puppenkleider und hübscher Stoffsachen und forderte Therese und ihre Schwester Céline auf, sich etwas auszuwählen. Céline griff nach einigen Bändern, die ihr gefielen. Therese nahm den ganzen Korb.
„Später sah ich ein, daß jeder frei ist, den Angeboten Gottes zu entsprechen, wenig oder viel für ihn zu tun. Da rief ich aus, wie in den Tagen meiner Kindheit:"

Mein Gott,
ich wähle alles.
Ich will keine halbe Heilige sein,
mir bangt nicht davor, für dich zu leiden;
nur eines fürchte ich,
meinen Willen zu behalten;
nimm du ihn, denn:
Ich wähle alles, was du willst.

(Ms A = SS 23)

Das Vorbild des Vaters

Die erste Einführung in das Beten erhielt Therese durch das Beispiel und die Anleitung ihrer Eltern. Sie erinnerte sich noch als Erwachsene an die Worte, „die Mama mir beigebracht hatte“ (SS 33). Als ihre Mutter am 28. August 1877 starb, war Therese viereinhalb Jahre. Der Vater zog mit seinen Kindern nach Lisieux, damit sie den Verwandten ihrer Mutter nahe sein konnten. An den Winterabenden spielten die Kinder mit dem Vater, sangen Lieder oder lernten Gedichte.

„Danach beteten wir gemeinsam das Abendgebet, und die kleine Königin [Therese] war ganz allein neben ihrem König [ihrem Vater]. Sie brauchte ihn nur anzusehen, um zu wissen, wie Heilige beten.“ *(Ms A = SS 39)*

In der Natur

Das Erleben der Natur wird für die Fünfjährige zum Gebet mit dem Schöpfer:
„Schön waren für mich die Tage, an denen mein ‚geliebter König' mich zum Angeln mitnahm. Ich liebte das Land, die Blumen und die Vögel so sehr! Manchmal versuchte ich, mit meiner kleinen Angelrute zu fischen, aber noch lieber blieb ich für mich allein und setzte mich auf die blühende Wiese. Dann waren meine Gedanken recht tiefsinnig, und ohne zu wissen, was Betrachten heißt, tauchte meine Seele ein in ein wahres innerliches Gebet." *(Ms A = SS 32)*

„Nie werde ich den Eindruck vergessen, den das Meer auf mich machte. Ich konnte nicht anders, als es unaufhörlich anschauen. Seine Majestät, das Donnern seiner Wogen, alles sprach zu meiner Seele von der Größe und der Macht des lieben Gottes ...

Am Abend, zur Stunde, da die Sonne in der Unermeßlichkeit der Fluten zu baden scheint und vor sich eine Lichtbahn wirft, setzte ich mich allein mit Pauline [ihrer Schwester, welche die Mutterrolle für sie übernommen hat] auf einen Felsen ... Lange betrachtete ich diese leuchtende Bahn, ein Abbild der Gnade, den Weg erhellend, den das Schifflein mit dem anmutigen weißen Segel durchlaufen soll ... Neben Pauline faßte ich den Entschluß, nie meine Seele den Blicken Jesu zu entziehen, damit sie friedlich der himmlischen Heimat zueile!" *(Ms A = SS 45f)*

Als Vierzehnjährige unternahm sie eine Reise nach Rom. Therese erinnert sich: „Bei den Schweizer Bergen, durch die wir fuhren, kann man so gut beten. Man spürt, daß Gott da ist." *(Brief vom 10. November 1887 an Marie Guérin, ihre Base und später ihre Novizin = B 31A)*

Das Einsiedlerspiel

Mit achteinhalb Jahren kommt Therese in das Pensionat der Benediktinerinnen zu Lisieux, wo sie fünf Jahre verbringt. „Es waren die traurigsten meines Lebens; hätte ich meine geliebte Céline nicht bei mir gehabt, so hätte ich dort keinen Monat ausgehalten, ohne krank zu werden." *(Ms A = SS 46)*

An einem schulfreien Donnerstag spielte Therese mit ihren Cousinen. Nicht mit allen gleich gern. Ihre bevorzugte Spielgefährtin war Marie. Als sie einmal mit ihr allein war und das Spiel auswählen durfte, wünschte sie sich, „Einsiedler" zu spielen:
„Die beiden Einsiedler besaßen nichts als eine armselige Hütte, ein kleines Getreidefeld und ein Gemüsebeet. Ihr Leben verlief in immerwährender Beschauung. Wenn der eine Einsiedler sich mit dem tätigen Leben zu befassen hatte, löste ihn der andere beim Gebet ab. Alles geschah in solcher Eintracht, solchem Schweigen und einer so geistlichen Art, daß es tadellos war. Als uns dann meine Tante zum Spaziergang abholte, ging unser Spiel sogar auf der Straße weiter. Die beiden Einsiedler beteten gemeinsam den Rosenkranz und bedienten sich dabei der Finger, um ihre Andacht nicht dem indiskreten Publikum preiszugeben." *(Ms A = SS 48)*

Von Jesus lernen

„Eines Tages fragte mich eine der Lehrerinnen der Abtei, was ich an schulfreien Tagen triebe, wenn ich allein sei. Ich antwortete ihr, daß ich hinter mein Bett ginge, in einen leeren Zwischenraum, der sich dort befand, und den ich leicht mit dem Vorhang abschließen konnte, und daß ich dort ‚dächte'.
– Aber woran denkst du denn? fragte sie mich.
– Ich denke an den lieben Gott, an das Leben ... an die Ewigkeit, kurzum, ich denke! ...

Die gute Klosterfrau lachte sehr über mich, später erinnerte sie mich gerne an die Zeit, wo ich ‚dachte', und fragte mich, ob ich immer noch ‚denke'.

Jetzt [als Therese ihr Leben aufschreibt] ist mir klar, daß ich damals das innere Gebet übte, ohne es zu wissen, und daß der liebe Gott mich bereits im geheimen belehrte." *(Ms A = SS 69)*

Jahre später denkt Therese über diese Erlebnisse nach:
„Er, der Lehrer der Lehrer, unterrichtet ohne Wortgeräusch ... Nie höre ich ihn sprechen, aber ich fühle, daß er in mir ist, jeden Augenblick, er leitet mich und gibt mir ein, was ich sagen oder tun soll. Ich entdecke gerade in dem Augenblick, da ich dessen bedarf, Klarheiten, die ich noch nicht geschaut hatte, und zwar sind sie zumeist nicht während der Stunden des Gebetes am reichlichsten, sondern eher bei den gewöhnlichen Beschäftigungen meines Tagewerkes." *(Ms A = SS 184f)*

„Ohne sich zu zeigen, ohne seine Stimme hören zu lassen, unterweist mich Jesus im geheimen, nicht durch Bücher, denn ich verstehe meist nicht, was ich lese; aber manchmal tröstet mich ein Wort." *(Ms B = SS 192)*

Am Tag der Erstkommunion

(8. Mai 1884)

Ich liebe dich
und schenke mich dir für immer.

„An diesem Tag war es ein Aufgehen ineinander, Therese war verschwunden, wie sich ein Wassertropfen im weiten Meer verliert. Jesus allein blieb; er war der Herr, der König."

Nach einem alten Brauch weihten sich die Erstkommunionkinder der Muttergottes:
„Am Nachmittag war ich es, die den Weiheakt an die Gottesmutter vorbetete; es war schon richtig, daß ich, die ich so früh meine irdische Mutter entbehren mußte, im Namen meiner Gefährtinnen zu meiner himmlischen Mutter redete... Mit meinem ganzen Herzen redete ich zu ihr, weihte mich ihr, so wie ein Kind sich in die Arme seiner Mutter wirft und sie um ihre Obhut bittet." *(Ms A = SS 73f)*

Einige Tage danach

O Jesus,
du unaussprechliche Süße,
verwandle mir in Bitterkeit
allen irdischen Trost.

„Bis dahin hatte ich gelitten, ohne das Leiden zu lieben; aber von diesem Tag an empfand ich eine wahre Liebe dafür. Ich hatte auch das Verlangen, einzig den lieben Gott zu lieben, Freude nur in ihm zu finden. Oft wenn ich kommunizierte, wiederholte ich diese Worte der „Nachfolge Christi“ [3. Buch, Kap 26,3]. Dieses Gebet kam mühelos, zwanglos über meine Lippen. Mir war, als wiederholte ich es nicht willentlich, sondern wie ein Kind, das die Worte nachspricht, die ein befreundeter Mensch ihm einflüstert.“ *(Ms A = SS 76)*

Zwei Monate vor ihrem Tod (am 31. Juli 1897) erinnerte sich Therese noch an diese Bitte:
„Seit ich Jesus gebeten hatte, für mich allen Trost der Erde in Bitterkeit zu verwandeln, hatte ich ein beständiges Verlangen nach Leiden. Indessen dachte ich nicht daran, daraus meine Freude zu machen; das ist eine Gnade, die mir später zuteil geworden ist. Bis dahin war es wie ein unter der Asche verborgener Funke und wie die Blüten eines Baumes, die zu Früchten werden müssen, wenn ihre Zeit gekommen ist.“ *(LG 134)*

Auf ihrer Romreise

Therese reist nach Rom, um vom Papst die Erlaubnis zu erbitten, daß sie schon mit 15 Jahren in den Karmel eintreten darf. Als sie das Kolosseum besucht (13. November 1887), steigt sie über die Absperrungen und kommt zu der Stelle, an der viele der ersten Christen ihr Blut vergossen haben:
„Ich bat um die Gnade, auch eine Märtyrerin für Jesus zu werden. Und ich fühlte im Innern meines Herzens, daß mein Gebet erhört war.“ *(Ms A = SS 133)*

Das liturgische Gebet im Karmel

Im Karmel wird Therese eingeführt in das kirchliche Stundengebet und die Gebetsübungen in der großen Tradition der Teresa von Avila. Nicht immer fällt es ihr leicht, die vorgeschriebenen Gebete, für die täglich drei Stunden vorgesehen sind, gesammelt zu verrichten:

„Ich liebe die gemeinsamen Gebete sehr, denn Jesus hat verheißen, er werde mitten unter denen sein, die sich in seinem Namen versammeln (vgl. Mt 18,20). Dann fühle ich, wie der Eifer meiner Mitschwestern den meinen ergänzt. Aber allein den Rosenkranz zu beten (ich schäme mich, es einzugestehen) kostet mich mehr Überwindung als das Anlegen eines Bußinstruments... Ich bin mir bewußt, ihn schlecht zu beten. Ich kann mich noch so sehr bemühen, die Geheimnisse des Rosenkranzes zu betrachten, es gelingt mir nicht, meinen Geist zu sammeln... Lange war ich untröstlich über diesen Mangel an Andacht, den ich nicht verstand, denn ich liebe die Mutter Gottes so sehr, daß es mir leicht fallen sollte, zu ihren Ehren Gebete zu sprechen, die ihr wohlgefallen. Jetzt betrübe ich mich weniger, ich denke, die Himmelskönigin wird als meine Mutter meinen guten Willen sehen und sich damit zufrieden geben.

Manchmal, wenn mein Geist sich in so großer Trockenheit befindet, daß es mir unmöglich ist, einen Gedanken zu fassen, der mich dem lieben Gott vereinte, bete ich sehr langsam ein ‚Vaterunser' und darauf den ‚Engel des Herrn'; dann entzücken mich diese Gebete, sie nähren meine Seele weit mehr, als wenn ich sie hundertmal hergesagt hätte..."
(Ms C = SS 255)

„Ich sollte trostlos darüber sein, daß ich seit sieben Jahren während meiner Betrachtungen und Danksagungen einschlafe; nun, es betrübt mich nicht ... ich denke, die kleinen Kinder gefallen ihren Eltern ebenso sehr, wenn sie schlafen, wie wenn sie wach sind; ich denke auch daran, daß Ärzte ihre Patienten einschläfern, wenn sie eine Operation vornehmen. Schließlich denke ich: ‚Der Herr weiß, was wir für Gebilde sind; er denkt daran: Wir sind nur Staub' (Ps 103,14)." *(Ms A = SS 167)*

Nach dem Noviziat

Nach dem Noviziat teilte ihr die Priorin, Mutter Maria von Gonzaga, mit, daß sie noch einige Zeit warten müsse, bis sie die Gelübde ablegen dürfe.

„Im ersten Augenblick fiel es mir sehr schwer, dieses große Opfer anzunehmen, bald aber wurde es licht in meiner Seele ... Eines Tages während der Betrachtung erkannte ich, daß mein so lebhaftes Verlangen nach der Profeß von großer Eigenliebe durchsetzt war ... Ich wollte Jesus aber nicht zwingen, meinen Willen zu tun.“

O mein Gott, ich bitte dich nicht,
meine Gelübde ablegen zu dürfen,
ich werde warten, solange du willst,
nur möchte ich nicht,
daß durch meine Schuld
die Vereinigung mit dir hinausgeschoben werde.
Ich will darum allen Fleiß darauf verwenden,
mir ein schönes, mit Edelsteinen reich verziertes
Hochzeitskleid zu machen.
Und wenn du dann findest,
daß der Schmuck reich genug ist,
so bin ich sicher, daß alle Geschöpfe zusammen
dich nicht hindern werden,
zu mir herabzusteigen,
um mich für immer mit dir zu vereinen.

(Ms A = SS 163)

„Was macht es Jesus aus, wenn ich jeden Augenblick falle. Ich sehe darin meine Schwachheit, und für mich ist es ein Gewinn.“

Jesus, so erkennst du, was ich tun kann,
und so wirst du geneigter,
mich auf deinen Armen zu tragen.
Tust du es nicht,
dann weil es dir anders gefällt.
Auch so werde ich mich nicht beunruhigen,
sondern ich erhebe meine Hände bittend
und voll Liebe zu dir.
Ich kann nicht glauben,
daß du mich verläßt.

(Brief vom 26. April 1889 an Céline = B 89)

Während der Vorbereitung auf die Profess

Du weißt, wohin ich gehen will,
du weißt, für wen ich den Berg ersteigen will,
für wen ich am Ziel ankommen will.
Du weißt, wen ich liebe
und wen ich allein zufriedenstellen will.

„Mein Verlobter sagt nichts zu mir, und ich sage nichts zu ihm, außer daß ich ihn mehr liebe als mich selbst, und im Grunde meines Herzens spüre ich, daß das wahr ist, denn ich gehöre ihm mehr als mir."

(Brief vom 30./31. August 1890 an Schwester Agnès de Jésus = B 110)

Am Tag der Profess

(8. September 1890)

Jesus, mein göttlicher Bräutigam!
Laß mich nie das zweite Kleid meiner Taufe
[das Ordensgewand] verlieren.
Nimm mich eher hinweg, als daß ich freiwillig
auch nur den kleinsten Fehler begehe.
Hilf mir, daß ich immer nur dich allein
suche und finde,
daß mir die Geschöpfe nichts bedeuten
und ich ihnen nichts;
du, Jesus, sollst alles sein!
Mögen die Dinge dieser Welt
mich niemals beunruhigen,
möge nichts meinen Frieden stören.
Jesus, ich bitte dich um den Frieden,
und auch um die Liebe, die unendliche Liebe,
die keine andere Grenze kennt außer dir,
die Liebe, die nicht mehr meine ist,
sondern die du bist, mein Jesus.
Laß mich für dich als Märtyrerin sterben,
das Martyrium des Herzens oder des Leibes,
oder am besten alle beide.
Hilf mir, daß ich meine Gelübde
in aller Vollkommenheit erfülle,
laß mich verstehen, was es heißt,
deine Braut zu sein.

Laß mich nie eine Last sein für die Gemeinschaft,
niemand soll sich um mich kümmern,
man möge mich mit Füßen treten,
nicht beachten wie ein kleines Sandkorn.
Deinen Willen will ich vollkommen erfüllen,
damit ich an den Platz komme,
den du mir bereitet hast...
Jesus, verzeih mir,
wenn ich dir unpassende Dinge sage,
ich möchte nichts anderes,
als dir Freude und Trost bereiten.

(G 2)

„Um wieviele Gnaden bat ich nicht an diesem Tag! Ich fühlte mich wirklich als die Königin... Ich betete auch viel für meine Mutter, meine lieben Schwestern, für die ganze Familie, besonders aber für mein Väterchen, so geprüft und so heilig." *(Ms A = SS 169)*

Mein Gott, ich flehe dich an,
gib, daß es dein Wille sei,
daß Papa gesund wird.

(23. Juli 1897 = LG 117)

Zu Maria

Gute Mutter Gottes,
ich finde, daß ich glücklicher bin als du.
Denn ich habe dich zur Mutter,
und du hast keine Muttergottes,
die du lieben kannst.
Zwar bist du die Mutter Jesu,
aber diesen Jesus
hast du uns ganz und gar gegeben.
Und er hat am Kreuz dich uns zur Mutter gegeben.
So sind wir reicher als du,
denn wir besitzen Jesus,
und auch du gehörst uns.

(Brief vom 19. Oktober 1892 an Céline = B 137)

Mein Gott,
du weißt, daß ich dich liebe.
(vgl. Joh 21,15)

„Wenn ich vor dem Tabernakel weile, habe ich unserem Herrn nur dies eine zu sagen. Und ich fühle, daß mein Gebet Jesus nicht lästig ist. Da er das Unvermögen seiner armen kleinen Braut kennt, begnügt er sich mit ihrem guten Willen.“ *(Brief vom 17. November 1893 an Frau Guérin = B 152)*

Genau ein Jahr zuvor schrieb Therese:
„Oft ist das Schweigen die einzige Art, in der ich mein Gebet ausdrücken kann; doch der göttliche Gast im Tabernakel versteht alles, auch das Schweigen einer von Dankbarkeit erfüllten Kinderseele.“ *(Brief vom 17. November 1892 an Frau Guérin = B 138)*

O mein Gott, wir fallen nieder vor dir.
Wir bitten um die Gnade,
arbeiten zu dürfen für deine Ehre...
Um dich zu trösten
und das Unrecht wieder gutzumachen,
unter dem die Menschen leiden, die du erlöst hast,
anbetungswürdiger dreifaltiger Gott,
wollen wir viele kleine Opfer auf uns nehmen
aus Liebe zu dir...
Wir hoffen, daß unsere Seelen harmonisch
zusammenklingen zu deinem Trost...
O mein Gott, gib uns die Gnade,
wachsamer zu sein,
damit wir dir Opfer darbringen können
für die Menschen, die dich nicht lieben
und die den Gütern der Erde nachjagen.
Wir wollen als deine Kinder...
alle Verletzungen sühnen,
die dir die Priester und Ordensleute zufügen.
O heiligste Dreifaltigkeit,
hilf uns, treu zu sein,
und gewähre uns die Gnade,
nach der Verbannung dieses Lebens
zu dir zu gelangen.

(Im Februar 1894 = G 4)

Nur für heute

Mein Leben ist wie ein Augenblick, der vergeht,
wie ein Tag, der verfliegt.
Mein Gott, du weißt, um dich auf der Erde
zu lieben, habe ich nur das Heute.

Ich liebe dich, Jesus, ich sehne mich nach dir,
sei für einen einzigen Tag meine Stütze.
Komm, sei der König meines Herzens,
schenke mir dein Lächeln!
Nur für heute.

Es macht mir nichts aus, Herr,
wenn die Zukunft im Dunkel liegt.
Dich für morgen zu bitten,
nein, das kann ich nicht.
Bewahre rein mein Herz,
dein Schatten bedecke mich.
Nur für heute.

Träume ich von morgen,
fürchte ich meine Unbeständigkeit,
fühle ich in mir Langeweile
und Traurigkeit aufkommen.
Doch ich will die Prüfung und das Leid:
nichts anderes für heute.

Ich werde dich bald sehen
an dem Ufer der Ewigkeit;
göttlicher Lenker, führe mich bei der Hand.
Auf bewegten Wogen lenke meinen Kahn,
nur heute.

In deinem Angesicht möchte ich mich verbergen,
dort höre ich nicht mehr den Lärm der Welt.
Gib mir deine Liebe,
bewahre mich in deiner Gnade,
nur für heute.

An deinem göttlichen Herzen
vergesse ich das Vergängliche,
in der Nacht fürchte ich mich nicht mehr.
Gib mir, Jesus, einen Platz in deinem Herzen,
nur für heute.

Lebendiges Himmelsbrot, göttliche Eucharistie,
heiliges Geheimnis deiner Liebe.
Komm, Jesus in der Eucharistie, bleibe in mir,
nur für heute.

Gewähre mir, Maria, mich zu vereinen mit dir,
und der zarte Zweig wird seine Frucht tragen.
So werde ich dir, Herr,
goldene Trauben darbringen
an diesem Heute.

Die Traube der Liebe,
deren Beeren die Menschen sind,
kann reifen nur an diesem vergänglichen Tag.
Gib mir, Jesus, das Feuer eines Apostels,
nur für heute.

Unbefleckte Jungfrau, du bist mein guter Stern,
du schenkst mir Jesus und vereinst mich mit ihm.
Mutter, laß mich Ruhe finden in deinem Schutz,
nur für heute.

Mein Schutzengel, beschütze mich,
erleuchte mit deinem Licht meinen Weg,
lenke meine Schritte, hilf mir, ich bitte dich,
nur für heute.

Herr, ich möchte dich sehen ohne Schleier,
noch bin ich im Exil, fern von dir,
zeige mir dein liebevolles Gesicht,
nur für heute.

Bald komme ich, um dich zu loben,
wenn aufgeht über mir der Tag ohne Ende,
dann will ich singen
und spielen auf der himmlischen Leier,
an jenem immerwährenden Heute.

(1. Juni 1894 = P 5)

Nach dem Tod des Vaters

Du weißt, mein Gott,
wie gern ich wissen möchte,
ob Papa geradewegs
in den Himmel gekommen ist;
ich bitte dich nicht,
zu mir zu sprechen,
aber gib mir ein Zeichen.

Therese erbat sich als Zeichen, daß eine Mitschwester, Aimée de Jésus du Cœur de Marie, dem Eintritt ihrer leiblichen Schwester Céline in den Karmel zustimmt. Und so kam es.
„Jetzt habe ich keinen Wunsch mehr außer dem einen, Jesus bis zur Torheit zu lieben."

(Ms A = SS 182f)

Als Novizenmeisterin

Vom Februar 1893 bis zu ihrem Tod waren Therese die Novizinnen, die Schwestern Maria von der Dreifaltigkeit, Maria von der Eucharistie (Marie Guérin) und Genoveva von der heiligen Teresa (ihre leibliche Schwester Céline) anvertraut.

Herr, ich bin zu klein,
um deine Kinder zu nähren;
willst du ihnen durch mich mitteilen,
was jedem frommt,
so fülle meine kleine Hand.
Ohne deine Arme zu verlassen,
werde ich deine Schätze dem geben,
der mich um geistliche Nahrung bittet.
Sagt eine Schwester mir zu,
so weiß ich, daß sie es nicht mir,
sondern dir verdankt.
Beklagt sie sich
und findet bitter, was ich ihr reiche,
so wird das meinen Frieden nicht stören;
ich werde mich bemühen, sie zu überzeugen,
daß diese Nahrung von dir kommt,
und ich werde mich hüten,
eine andere für sie zu suchen.

(Ms C = SS 249f)

„Gerate ich in eine Sorge oder Verlegenheit, so wende ich mich schnell an Maria, und sie, die zärtlichste der Mütter, nimmt sich immer meiner Sache an. Wie oft geschah es, wenn ich zu den Novizinnen redete, daß ich sie anrief und die Wohltat ihres mütterlichen Schutzes zu spüren bekam!“ *(Ms C = SS 256)*

Ziehe mich an dich, und nimm die Meinen mit

„Seitdem ich zwei Brüder [die Patres Bellière und Roulland] habe und meine kleinen Schwestern, die Novizinnen, wären die Tage zu kurz, wollte ich für jede Seele erbitten, wessen sie bedarf, und dies im einzelnen darlegen. Ich müßte sehr befürchten, etwas Wichtiges zu vergessen. Einfache Seelen bedürfen keiner umständlichen Mittel; da ich zu diesen zähle, gab mir Jesus eines Morgens bei der Danksagung ein einfaches Mittel, meine Sendung zu erfüllen. Er ließ mich das Wort des Hohenliedes (1,3-4) verstehen: ‚Köstlich ist der Duft deiner Salben... Zieh mich her hinter dir! Laß uns eilen!'"

Jesus, es ist nicht nötig, es dir zu sagen: Wenn du mich an dich ziehst, ziehe auch die Seelen zu dir, die ich liebe!

Herr, ich verstehe, daß eine Seele nicht mehr einsam eilen kann, wenn sie sich vom berauschenden Duft deines Wohlgeruches bannen ließ. Alle Seelen, die sie liebt, zieht sie hinter sich her. Ohne Zwang, ohne Anstrengung, es ist eine natürliche Folge, da sie hingezogen ist zu dir.

Wie ein Sturzbach, der sich ungestüm in den Ozean verliert und alles mit sich schwemmt, was ihm unterwegs begegnet, so zieht die Seele, die in den uferlosen Ozean deiner Liebe eintaucht, alles Kostbare mit sich, das sie besitzt.

Herr, du weißt, ich habe keine anderen Schätze als die Seelen, die du in deiner Liebe mit mir verbunden hast; du hast mir diese Schätze anvertraut, darum wage ich es, mit den Worten zu reden, die du an den Himmlischen Vater gerichtet hast am letzten Abend, als du noch auf Erden weiltest. Jesus, ich weiß nicht, wann meine Pilgerschaft enden wird. An manchem Abend werde ich wohl noch hier auf Erden deine Güte und dein Erbarmen besingen, aber endlich wird auch für mich der letzte Abend kommen; dann möchte ich dir sagen können, o mein Gott:

„Ich habe dich auf der Erde verherrlicht und das Werk zu Ende geführt, das du mir aufgetragen hast. Ich habe deinen Namen den Menschen offenbart, die du mir aus der Welt gegeben hast. Sie gehörten dir, und du hast sie mir gegeben. Sie haben jetzt erkannt, daß alles, was du mir gegeben hast, von dir ist. Denn die Worte, die du mir gegeben hast, gab ich ihnen, und sie haben sie angenommen. Sie haben wirklich erkannt, daß ich von dir ausgegangen bin, und sie sind zu dem Glauben gekommen, daß du mich gesandt hast. Ich bitte für alle, die du mir gegeben hast; denn sie gehören dir. Ich bin nicht mehr in der Welt, aber sie sind in der Welt, und ich gehe zu dir. Heiliger Vater, bewahre sie in deinem Namen, den du mir gegeben hast. Ich gehe jetzt zu dir. Doch dies rede ich noch in der Welt, damit sie meine Freude in Fülle in sich haben. Ich bitte nicht, daß du sie aus der Welt nimmst, sondern daß du sie vor dem Bösen bewahrst. Sie sind nicht von der Welt, wie auch ich nicht von der Welt bin. Aber ich bitte nicht nur für diese hier, sondern auch für alle, die durch ihr Wort an mich glauben. Vater, ich will, daß alle, die du mir gegeben hast, dort bei mir sind, wo ich bin. Die Welt soll erkennen, daß du die Meinen ebenso geliebt hast wie mich." (vgl. Joh 17,4ff)

Ja, Herr, das ist es, was ich dir nachsprechen möchte, bevor ich in deine Arme entfliege. Es ist vielleicht Vermessenheit, doch nein, seit langem hast du mir erlaubt, dir gegenüber kühn zu sein. Wie der Vater des verlorenen Sohnes zu seinem Ältesten, so sprachst du zu mir: „Alles, was mein ist, ist auch dein" (Lk 15,31). Deine Worte, Jesus, sind also mein, und ich kann mich ihrer bedienen, um auf die Seelen, welche eins sind mit mir, die Wohltaten deines Vaters herabzuflehen...

Du weißt es, o mein Gott, nie habe ich mir etwas anderes gewünscht, als dich zu lieben, ich begehre nach keiner anderen Ehre. Deine Liebe umsorgte mich seit meiner Kindheit, sie wuchs mit mir heran, und nun ist sie ein Abgrund, dessen Tiefe ich nicht auszuloten vermag.

Liebe zieht Liebe an, darum, mein Jesus, stürzt die meine dir entgegen, möchte den Abgrund, der sie anzieht, ausfüllen, aber ach! sie ist nicht einmal ein Tautropfen, verloren im Ozean! Um dich zu lieben, wie du mich liebst, muß ich mir deine eigene Liebe ausleihen, dann erst finde ich Ruhe.

O mein Jesus, vielleicht ist es eine Täuschung, aber mir scheint, es ist nicht möglich, daß du jemand mit mehr Liebe erfüllst, als du mir gegeben hast; darum wage ich dich zu bitten, jene, die du mir gegeben hast, so zu lieben, wie du mich selbst geliebt hast (vgl. Joh 17,23).

(Ms C = SS 269-272)

Weiheakt an die barmherzige Liebe
(9. Juni 1895)

O mein Gott! Glückselige Dreifaltigkeit, ich verlange danach, dich zu lieben und dahin zu wirken, daß du geliebt wirst...

Ich verlange danach, deinen Willen vollkommen zu erfüllen und zur Herrlichkeit zu gelangen, die du mir in deinem Reiche bereitet hast, mit einem Wort, ich verlange danach, heilig zu werden. Aber ich fühle meine Ohnmacht, und ich bitte dich, o mein Gott, sei du selbst meine Heiligkeit.

Da du mich so sehr geliebt hast, daß du mir deinen einzigen Sohn gabst, auf daß er mein Erlöser und mein Bräutigam sei, so sind auch die unendlichen Schätze seiner Verdienste mein. Freudig bringe ich sie dir dar und flehe dich an, nicht anders auf mich zu schauen als durch das Antlitz Jesu hindurch und in seinem von Liebe brennenden Herzen...

Mein geliebter Bräutigam hat uns in den Tagen seines sterblichen Lebens gesagt: „Alles, worum ihr den Vater in meinem Namen bitten werdet, das wird er euch geben!" So bin ich gewiß, daß du meine Wünsche erhören wirst. Ich weiß es, o mein Gott, je mehr du geben willst, um so mehr steigerst du das Verlangen. Ich fühle in meinem Herzen unermeßliche Wünsche, und mit Vertrauen bitte ich dich, zu kommen und von meiner Seele Besitz zu ergreifen...

Ich möchte dich trösten über die Undankbarkeit der Bösen. Und ich flehe dich an, nimm mir die Freiheit weg, dir zu mißfallen. Wenn ich zuweilen aus Schwachheit falle, so möge dein göttlicher Blick mich reinigen, alle meine Unvollkommenheiten verzehren wie ein Feuer, das alles in sich selbst umwandelt...

Ich danke dir, mein Gott, für alle Gnaden, die du mir gewährt hast, ganz besonders dafür, daß du mich durch die Feuerprobe des Leidens hindurchgehen ließest. Mit Freude werde ich dich am Jüngsten Tag betrachten, wenn du das Zepter des Kreuzes tragen wirst. Da du dich gewürdigt hast, mir Anteil zu geben an diesem so kostbaren Kreuz, hoffe ich, im Himmel dir ähnlich zu sein und an meinem verklärten Leib die geheiligten Wundmale deines Leidens zu tragen...

Nach dieser Zeit hier auf Erden hoffe ich, in der Heimat mich an dir zu erfreuen, aber ich will keine Verdienste für den Himmel anhäufen, ich will einzig um deiner Liebe willen arbeiten, in der alleinigen Absicht, dich zu erfreuen, dein heiligstes Herz zu trösten und Menschen zu dir zu führen, die dich ewig lieben werden.

Am Abend dieses Lebens werde ich mit leeren Händen vor dir erscheinen, denn ich bitte dich nicht, Herr, meine Werke zu zählen. Alle unsere Gerechtigkeiten sind befleckt in deinen Augen. Ich will mich also mit deiner Gerechtigkeit bekleiden und von deiner Liebe dich selbst empfangen. Ich will keinen anderen Thron und keine andere Krone als dich, mein Geliebter! ...

In deinen Augen ist ein einziger Tag wie tausend Jahre; du kannst mich also in einem einzigen Augenblick vorbereiten auf die Begegnung mit dir ...

Mein Geliebter, ich will mit jedem Schlage meines Herzens dir diese Weihe erneuern, bis ich dir von Angesicht zu Angesicht ewig meine Liebe beteuern darf!

(G 6 = SS 280-282)

O mein Gott, von allen Seiten
wird deine barmherzige Liebe
verkannt und abgelehnt;
die Herzen, an die du sie verschwenden möchtest,
kehren sich den Geschöpfen zu und erbetteln
das Glück von ihrer erbärmlichen Zuneigung,
statt sich in deine Arme zu werfen
und deine unendliche Liebe anzunehmen.
O mein Gott, wirst du deine verschmähte Liebe
nunmehr in deinem Herzen verschließen?
Fändest du Menschen,
die sich deiner Liebe ganz anvertrauten,
ich meine, du wärest glücklich,
die unendliche Zärtlichkeit, die in dir ist,
nicht länger zurückzuhalten ...

(Ms A = SS 186)

Abendgebet vor dem Tabernakel

O Gott, du bist im Tabernakel verborgen.
Voll Freude komme ich jeden Abend zu dir,
um dir zu danken für die Gnaden,
die du mir hast zuteil werden lassen.
Ich bitte um Vergebung für die Fehler,
die ich begangen habe während des Tages,
der nun vergeht wie ein Traum.
Jesus, wie glücklich wäre ich,
wenn ich immer treu gewesen wäre,
doch leider bin ich am Abend oft traurig,
denn ich fühle, daß ich deinen Gnaden
hätte besser entsprechen können...
Wäre ich mehr eins gewesen mit dir,
wäre ich liebevoller gewesen
zu meinen Schwestern,
demütiger und freier von mir selbst,
fiele es mir leichter, mich mit dir zu unterhalten.
Doch ich verliere nicht den Mut,
weil ich mein Elend sehe,
sondern ich komme voll Vertrauen zu dir,
denn ich denke,
daß „nicht die Gesunden den Arzt brauchen,
sondern die Kranken".
Daher flehe ich dich an, mich zu heilen
und mir zu verzeihen.

Ich erinnere mich, Herr, an deine Worte,
daß der, dem viel vergeben wird,
auch viel lieben muß (vgl. Lk 7,42f).
Ich schenke dir jeden meiner Herzschläge,
mögen sie Akte der Liebe
und der Wiedergutmachung sein,
ich vereine sie mit deinem Opfer am Kreuz.
Ich flehe dich an, göttlicher Bräutigam,
sei du mein Erlöser.
Wirke in mir,
ohne auf meinen Widerstand zu achten,
denn ich möchte nicht meinem Willen folgen,
sondern nur deinem.
Und morgen werde ich mit Hilfe deiner Gnade
ein neues Leben beginnen,
in dem jeder Augenblick ein Akt der Liebe
und der Dankbarkeit sein soll.
Und nachdem ich Abend für Abend
vor deinen Altar getreten bin,
wird eines Tages der letzte Abend
meines Lebens kommen.
Dann wird für mich der ewige Tag beginnen,
der keinen Abend mehr kennt,
dann werde ich an deinem göttlichen Herzen
ausruhen von allen Kämpfen dieses Lebens.

(16. Juli 1895 = G 7)

Für einen Theologiestudenten

Maurice Bellière (1874-1922) hatte als Seminarist an den Karmel zu Lisieux geschrieben mit der Bitte um das Gebet einer Schwester. Er wird Therese zum „geistlichen Bruder“ gegeben.

Jesus, ich danke dir, daß du mir
einen meiner größten Wünsche erfüllt hast:
einen Bruder zu haben,
einen Priester und Apostel.
Ich fühle mich unwürdig dieser Auszeichnung,
doch da es dir gefallen hat,
deiner kleinen, armen Braut die Gnade zu geben,
besonders für die Heiligung eines Priesters
zu leben, opfere ich dir für ihn mit Freude
alle Gebete und Leiden auf.
Ich bitte dich, mein Gott, schau nicht auf das,
was ich bin, sondern darauf,
was ich sein soll und sein möchte:
eine Ordensschwester,
die ganz von deiner Liebe entflammt ist.
Du weißt, Herr, daß ich nur einen Wunsch habe:
daß man dich erkenne und liebe!
Jetzt wird dieser Wunsch Wirklichkeit.
Ich kann nur beten und leiden;
aber dieser Bruder,

mit dem du mich in Liebe vereinst,
wird auf der Ebene kämpfen,
um Herzen für dich zu gewinnen,
und ich werde auf dem Berge Karmel
zu dir flehen,
daß du ihm den Sieg schenkest (vgl. Ex 17,9-13).
Göttlicher Jesus, erhöre mein Gebet
für den, der dein Missionar sein will,
bewahre ihn mitten in den Gefahren der Welt.
Laß ihn mehr und mehr die Nichtigkeit
und Eitelkeit der vergänglichen Dinge erkennen,
und laß ihn das Glück erfahren,
sie hintanstellen zu können aus Liebe zu dir...
Maria, Königin des Karmel, dir vertraue ich
diesen künftigen Priester an,
dem ich eine unwürdige kleine Schwester bin...,
beschütze ihn, damit er eines Tages
zum Altar schreiten und in seinen Händen
den König der Himmel halten kann.
Ich bitte darum, daß du ihn immer
unter deinem jungfräulichen Mantel bewahrst,
bis zu dem glücklichen Augenblick,
wenn er das Tal der Tränen verlassen
und deinen Glanz schauen darf.
Dann wird er sich ewiglich an den Früchten
seines wunderbaren Apostolats freuen können.

(17.-21. Oktober 1895 = G 8)[23]

Gemeinsam mit ihrer Schwester Céline

„Alles, was zwei von euch auf Erden gemeinsam erbitten, werden sie von meinem himmlischen Vater erhalten. Denn wo zwei oder drei in meinem Namen versammelt sind, da bin ich mitten unter ihnen“ (Mt 18,19-20).

O mein Gott, wir bitten dich,
daß wir zwei Lilien
auf Erden nicht voneinander getrennt werden.
Gemeinsam möchten wir dich trösten
für die geringe Liebe,
die du in diesem Tal der Tränen findest.
Und in der Ewigkeit möchten wir
in der gleichen Schönheit erstrahlen
und uns wie Blüten dir zuwenden
und den gleichen Duft verbreiten.

(Weihnachten 1895 = G 9)

Am Morgen

Mein Gott, ich weihe dir alles,
was ich heute tue,
in deinen Anliegen
und zur Ehre des Herzens Jesu.
Jeden Schlag meines Herzens,
meine Gedanken und all mein Tun
möchte ich vereinen mit deinen Gaben;
ich möchte meine Fehler wiedergutmachen,
indem ich sie in den Feuerofen
deiner barmherzigen Liebe werfe.
O mein Gott, schenke mir
und denen, die mir nahe stehen, die Gnade,
daß wir aus Liebe zu dir
deinen göttlichen Willen vollkommen erfüllen.
Hilf uns, die Freuden und das Leid
dieses vergänglichen Lebens anzunehmen,
damit wir eines Tages für die ganze Ewigkeit
vereint sind mit dir in den Himmeln.

(Wahrscheinlich 1895 = G 10)

An das Jesuskind gewandt

O kleines Kind, mein einziger Schatz,
ich folge ganz deinen göttlichen Einfällen;
ich will keine andere Freude,
als dich zum Lächeln zu bringen.
Schenke mir deine Gnaden
und deine kindlichen Tugenden,
damit die Engel und die Heiligen
bei meiner Geburt im Himmel
in deiner kleinen Braut
Therese vom Kinde Jesu erkennen.

(Wahrscheinlich Sommer 1896 = G 14)

Wenn du es so willst

1896 überlegte man im Karmel von Lisieux, ob einige Schwestern nach Saigon gehen sollten. Therese machte sich Sorgen um den Gesundheitszustand von Mutter Agnes, ihrer älteren Schwester Pauline.
„Ich hätte nicht das geringste unternehmen wollen, um sie daran zu hindern; in meinem Herzen jedoch fühlte ich eine große Niedergeschlagenheit. Ich fand, ihre so empfindsame, so zarte Seele sei nicht geschaffen für ein Leben unter Menschen, die sie nicht verstehen könnten; noch tausend andere Gedanken drängten sich in meinem Geist. Jesus aber schwieg und gebot dem Sturm nicht…“

Mein Gott,
um deiner Liebe willen nehme ich alles an:
Wenn du es verlangst,
so will ich gern leiden,
und sollte ich vor Kummer sterben.

(Ms C = SS 226)

Am Jahrestag ihrer Profess
(8. September 1896)

O mein geliebter Jesus,
wer könnte in Worte fassen,
mit welcher Zärtlichkeit und welcher Milde
du meine kleine Seele führst!
Wer könnte sagen,
auf welche Art es dir gefällt,
mitten im düstersten Sturm
deine Gnade leuchten zu lassen!
Jesus, das Gewitter tobte gar heftig
in meiner Seele
seit dem schönen Fest deines Sieges,
dem strahlenden Osterfest.
Ich dachte an die geheimnisvollen Träume,
die manchmal den Seelen gewährt werden,
und meinte, das müsse ein gar schöner Trost sein.
Doch ich bat nicht darum.
Noch am Abend, da ich die Wolken betrachtete,
die den Himmel bedeckten,
sagte sich meine kleine Seele,
daß die schönen Träume
nicht für sie gemacht seien.
Und dann schlief ich
mitten im Gewittersturm ein ...

(Ms B = SS 195)

Verzeih mir, Jesus, wenn ich dir meine ans Unendliche grenzenden Wünsche und Hoffnungen vortrage. Verzeih mir, und gib mir, was ich erhoffe!!!

Deine Braut zu sein, Jesus, Karmelitin zu sein, durch die Vereinigung mit dir Mutter von Seelen zu sein. Doch selbst das genügt mir noch nicht. Gewiß, diese drei Vorrechte sind meine Berufung, Karmelitin, Braut und Mutter zu sein, aber ich fühle noch andere Berufungen in mir: zum Krieger, zum Priester, zum Apostel, zum Kirchenlehrer, zum Märtyrer; kurz, ich spüre das Bedürfnis, für dich, Jesus, die heroischsten Werke zu vollbringen...

Jesus, meine Liebe, mein Leben, wie sind diese Gegensätze vereinbar? Wie können diese Wünsche meiner armen, kleinen Seele Wirklichkeit werden?... Trotz meiner Kleinheit möchte ich die Menschen erleuchten, wie die Propheten oder die Kirchenlehrer.

Ich spüre die Berufung, Apostel zu sein; ich möchte die Welt durcheilen und deinen Namen verkünden... Ja, ich möchte das Evangelium in allen fünf Erdteilen gleichzeitig verkünden...

Vor allem aber möchte ich mein Blut für dich

vergießen bis zum letzten Tropfen. Das Martyrium war schon der Traum meiner Jugend, und dieser Traum ist in der Zelle des Karmel mit mir gewachsen. Aber auch da fühle ich wieder, daß mein Traum zur Torheit wird, denn ich könnte mich nicht darauf beschränken, nur eine Art von Martern zu ersehnen, ich bedürfte ihrer aller. Wie du möchte ich gegeißelt und gekreuzigt werden... Gleich dem heiligen Bartholomäus möchte ich geschunden werden, gleich dem heiligen Johannes in siedendem Öl sterben; ich möchte alle Martern erdulden, die je den Blutzeugen zugefügt wurden...

Jesus, wollte ich alle meine Wünsche niederschreiben, ich müßte mir dein Buch des Lebens ausleihen, in dem die Taten aller Heiligen aufgezeichnet sind. Und diese Taten möchte ich für dich vollbracht haben...

Jesus, was antwortest du auf alle meine Torheiten? ... Gibt es eine kleinere, schwächere Seele als die meine? Doch gerade um meiner Schwachheit willen hat es dir gefallen, meine kleinen kindlichen Wünsche zu erfüllen. Willst du heute diese anderen Wünsche erfüllen, die größer sind als das Weltall?

Um eine Antwort auf ihre Fragen zu finden, schlug Therese das Neue Testament auf und stieß auf das 12. und 13. Kapitel des ersten Korintherbriefes. Darin erklärt Paulus, daß es in

der Kirche verschiedene Gaben und Aufgaben gibt. Nicht alle können zugleich Apostel, Propheten, Lehrer sein. Doch diese Antwort befriedigte noch nicht ihre Sehnsucht. Erst als sie las, daß die Liebe der Weg ist, der mit Sicherheit zu Gott führt, fand sie den inneren Frieden.
„Die Liebe gab mir den Schlüssel meiner Berufung. Ich begriff, ... daß die Kirche ein Herz hat, und daß dieses Herz von Liebe brennt. Ich erkannte, daß die Liebe allein die Glieder der Kirche antreibt. Würde die Liebe erlöschen, so würden die Apostel das Evangelium nicht mehr verkünden, die Märtyrer sich weigern, ihr Blut zu vergießen ... Ich begriff, daß die Liebe alle Berufungen in sich schließt, daß die Liebe alles ist, daß sie alle Zeiten und Orte umspannt ... Mit einem Wort, daß sie ewig ist."

Jesus, meine Liebe ... endlich habe ich meine Berufung gefunden, meine Berufung ist die Liebe. Ja, ich habe meinen Platz in der Kirche gefunden, und dieser Platz, mein Gott, den hast du mir geschenkt:

Im Herzen der Kirche, meiner Mutter, werde ich die Liebe sein. So werde ich alles sein. So wird mein Traum Wirklichkeit werden!!!

(8. September 1896; Ms B = SS 197-201)

O strahlender Leuchtturm der Liebe,
ich weiß, wie man zu dir gelangt,
ich habe das Geheimnis gefunden,
daß dein Feuer in mir brennen kann.
Ich bin nur ein Kind,
schwach und ohnmächtig,
aber gerade meine Ohnmacht
verleiht mir die Kühnheit,
mich deiner Liebe, o Jesus,
ganz aufzuopfern.

(Ms B = SS 201)

Jesus, ich weiß,
auf Liebe kann man nur mit Liebe antworten.
So suchte und fand ich Mittel und Wege,
um deine Liebe durch Liebe zu vergelten.
Und das hat mein Herz erleichtert.

(Ms B = SS 201)

Jesus, ich müßte fürchten, vom Gewicht meiner kühnen Wünsche erdrückt zu werden... Aber meine Entschuldigung ist, daß ich ein Kind bin. Kinder überlegen die Tragweite ihrer Worte nicht. Haben ihre Eltern königliche Würde und besitzen sie unermeßliche Schätze, dann zögern sie nicht, die Wünsche dieser Kleinen zu erfüllen, die sie mehr lieben als sich selbst. Um ihnen Freude zu machen, begehen sie Torheiten und lassen sich sogar zur Schwachheit verleiten.

Nun, ich bin ein Kind der Kirche, und die Kirche ist Königin, denn sie ist deine Braut, du göttlicher König der Könige. Nicht Reichtum und Herrlichkeit, auch nicht die himmlische Herrlichkeit, verlangt das Herz des kleinen Kindes...

Es versteht, daß die Herrlichkeit seinen Brüdern, den Engeln und Heiligen, zusteht. Seine eigene Herrlichkeit wird der Widerschein sein, der von der Stirn der Mutter ausstrahlt.

Was es verlangt, ist die Liebe... Es will nur noch eines: dich lieben, o Jesus.

Das Kind vermag keine glänzenden Werke zu vollbringen, es kann das Evangelium nicht verkünden, sein Blut nicht vergießen..., aber was tut's, seine Brüder wirken an seiner Stelle.

Es bleibt ganz nahe beim Thron des Königs und der Königin, es liebt für seine Brüder, die kämpfen ... Wie aber soll das kleine Kind seine Liebe bezeugen, da sich die Liebe doch durch Werke beweist?

Es wird Blumen streuen, mit ihrem Duft wird es den königlichen Thron einhüllen, mit seiner silberhellen Stimme wird es das Hohelied der Liebe singen ...

Auf diese Weise wird sich mein Leben verzehren. Ich habe kein anderes Mittel, um dir meine Liebe zu beweisen, als dir Blumen zu bringen, das heißt, ich will jedes kleine Opfer, jeden Blick, jedes Wort dir weihen und auch die geringfügigsten Handlungen aus Liebe tun.

Aus Liebe will ich leiden und aus Liebe mich auch freuen ... Ich werde singen, auch wenn ich meine Blumen mitten aus Dornen pflücken muß. Und mein Lied wird um so heller klingen, je länger und spitzer die Dornen sind.

(Ms B = SS 202f)

Jesus, ich liebe dich.
Und ich liebe die Kirche, meine Mutter.
Ich weiß, daß die kleinste Tat reiner Liebe
wertvoller ist als alle anderen Werke zusammen.[24]
Aber ist die reine Liebe
wirklich in meinem Herzen?
Sind meine unermeßlichen Sehnsüchte
nicht ein Traum, ein Wahnsinn?
Wenn es so ist, Jesus, dann erleuchte mich;
du weißt, ich suche die Wahrheit.
Sind meine Sehnsüchte vermessen,
so laß sie schwinden,
denn sie sind für mich das größte Martyrium.
Doch ich fühle, Jesus,
selbst wenn ich die tiefsten Regionen der Liebe,
nach denen ich gestrebt habe,
nicht erreichen darf,
ich hätte doch in meiner Qual,
in meinem Wahnsinn mehr Süßigkeit gekostet,
als ich im Himmel kosten werde;
es sei denn, du nähmest mir durch ein Wunder
die Erinnerung an meine Hoffnungen weg.
Laß mich also während meiner Erdenzeit
die Köstlichkeit der Liebe genießen …
Laß mich auskosten
die süße Bitterkeit meiner Qual …

(Ms B = SS 203f)

Jesus, Jesus,
wenn schon das Verlangen,
dich zu lieben,
so köstlich ist,
was muß es dann sein,
die Liebe zu besitzen,
zu genießen?

(Ms B = SS 204)

Jesus, mein erster, mein einziger Freund, dich liebe ich einzig und allein.

Sag mir doch, was ist das für ein Geheimnis? Warum behältst du dieses ungeheure Sehnen nicht den großen Christen vor, die wie Adler in den Höhen schweben? Ich sehe mich selbst nur als einen schwachen, kleinen Vogel, der bloß mit leichtem Flaum bedeckt ist. Ich bin kein Adler; von ihm habe ich nur die Augen und das Herz. Denn trotz meiner äußersten Kleinheit wage ich es, das Auge unverwandt auf die göttliche Sonne der Liebe zur richten; und mein Herz fühlt in sich all das Sehnen des Adlers.

Der kleine Vogel möchte dieser strahlenden Sonne, die sein Auge entzückt, entgegenfliegen. Er möchte es den Adlern, seinen Brüdern, gleichtun, die er beobachtet, wenn sie sich aufschwingen bis zum göttlichen Licht der Heiligen Dreifaltigkeit.

Er vermag nur seine kleinen Flügel zu heben, aber aufzufliegen, das steht nicht in seiner kleinen Macht! Was soll aus ihm werden? Muß er vor Gram sterben, weil er so machtlos ist?

O nein, der kleine Vogel betrübt sich nicht einmal. In einem verwegenen Sich-Überlassen will er im Anblick seiner göttlichen Sonne verharren. Nichts kann ihn erschrecken, weder Wind noch Regen, und wenn düstere Wolken ihm die Sonne verbergen, so rührt sich der kleine Vogel nicht von der Stelle. Er weiß ja, daß über den Wolken seine Sonne stets leuchtet, daß ihr Glanz sich keinen Augenblick entziehen wird.

Freilich, mitunter wird das Herz des kleinen Vogels vom Sturm bedrängt; dann scheint ihm, er könne nicht glauben, daß es irgend etwas anderes gibt als die Wolken, die ihn einhüllen. Das ist dann der Augenblick der vollkommenen Freude für das arme, kleine, schwache Wesen.

Welches Glück für ihn, trotz allem nicht aufzuhören, das Auge unverwandt auf das unsichtbare Licht zu richten, das sich seinem Glauben entzieht!!!

Jesus, bis hierher begreife ich deine Liebe zu dem kleinen Vogel, da er sich nicht von dir entfernt. Aber ich weiß, und du weißt es auch, oft bleibt zwar das unvollkommene, kleine Geschöpf auf seinem Platz unter den Sonnenstrahlen, aber es läßt sich von seiner Beschäftigung ein wenig ablenken; es pickt ein Körnchen zur Rechten auf, und eines zur Linken, läuft einem kleinen Wurm nach, trifft dann eine Wasserpfütze und benetzt sein kaum entwickeltes Gefieder, sieht eine Blume, die ihm gefällt, und schon beschäftigt sich sein kleiner Geist mit dieser Blume. Kurz, da es nicht wie ein Adler in den Lüften schweben kann, beschäftigt sich das arme Vöglein mit den Belanglosigkeiten der Erde. Und statt nach all seinen Missetaten sich in eine Ecke zu verkriechen, um vor Reue sein Elend zu beweinen, wendet sich der kleine Vogel seiner geliebten Sonne zu, setzt seine durchnäßten Flügel ihren wohltuenden Strahlen aus, seufzt wie die Schwalbe, und in seinem leisen Lied erzählt er seine Treulosigkeiten bis ins einzelne.

In der Verwegenheit seiner Hingabe glaubt er, auf diese Weise mehr Macht über den zu gewinnen, restloser die Liebe dessen auf sich zu lenken, der nicht gekommen ist, die Gerechten zu rufen, sondern die Sünder. Wenn die angebetete Sonne für das klagende Gezwitscher seines kleinen Geschöpfes taub bleibt, wenn sie verhüllt bleibt..., nun, dann bleibt das kleine Geschöpf durchnäßt; es willigt ein, vor Kälte ganz starr zu werden, und freut sich sogar dieses Leidens, das es ja auch verdient hat...

O Jesus, wie glücklich ist doch dein kleiner Vogel, schwach und klein zu sein! Was würde aus ihm werden, wenn er groß wäre? Niemals hätte er den Mut, sich deiner Gegenwart zu stellen, vor ihr zu schlummern. Denn auch das ist eine Schwäche des kleinen Vogels: Wenn er den Blick auf die göttliche Sonne gerichtet halten will und die Wolken ihn daran hindern, auch nur einen einzigen Strahl zu sehen, dann fallen ihm unwillkürlich die Augen zu, sein kleiner Kopf versteckt sich unter den Flügeln, und das arme kleine Wesen schläft ein. Und es glaubt, seinen Blick noch immer auf sein geliebtes Gestirn gerichtet zu halten. Beim Wiedererwachen betrübt es sich nicht, sein kleines Herz bleibt im Frieden und beginnt von neuem seinen Dienst der Liebe...

O göttliches Wort,
du selber bist der Adler,
den ich anbete,
den ich liebe
und der mich an sich zieht!
Du kamst auf diese Erde,
in dieses Tal der Tränen,
du wolltest leiden und sterben,
um die Menschen nach oben zu ziehen
in den Schoß der ewigen Dreifaltigkeit.
Du stiegst wieder auf zum unnahbaren Licht,
wo du von nun an wohnst,
und du bleibst in diesem Tal der Tränen,
verborgen unter der Gestalt einer weißen Hostie.
Adler der Ewigkeit,
du willst mich nähren
mit deiner göttlichen Wesenheit,

mich armes kleines Wesen,
das ins Nichts zurücksänke,
wenn mir dein göttlicher Blick
nicht in jedem Augenblick
das Leben neu schenkte.

(Ms B = SS 204-207)

Jesus, laß mich im Überschwang
meiner Dankbarkeit dir sagen,
daß deine Liebe bis zum Wahnsinn geht.
Sag mir, wie könnte mein Herz
dir nicht entgegenfliegen
angesichts dieser großen Liebe?
Wie sollte mein Vertrauen Grenzen kennen?
Ich weiß, für dich haben die Heiligen
auch Wahnsinnstaten begangen,
sie haben große Dinge vollbracht.
Jesus, ich bin zu klein, um Großes zu tun...
Meine Verrücktheit besteht darin,
zu hoffen, daß deine Liebe
meine Hingabe annehme.
Meine Verrücktheit besteht darin,
meine Brüder anzuflehen,
sie mögen für mich die Gnade erbitten,
zur Sonne der Liebe emporzufliegen.

(Ms B = SS 207)

Jesus,
könnte ich doch allen Menschen sagen,
wie unaussprechlich groß
deine barmherzige Liebe ist.
Würdest du eine schwächere,
eine kleinere Seele finden als mich
– was mir zwar unmöglich scheint –,
so hättest du dein Wohlgefallen daran,
sie mit noch größeren Gnaden zu überhäufen,
wenn sie sich nur mit vollem Vertrauen
deiner unendlichen Barmherzigkeit überließe.
Aber warum soll ich danach verlangen,
die Geheimnisse deiner Liebe mitzuteilen,
Jesus, hast nicht du allein sie mich gelehrt?
Kannst du sie nicht
auch den anderen offenbaren?
Ja, ich weiß, du kannst es,
und ich beschwöre dich, es zu tun.

(Ms B = SS 207f)

Wie ich lieben will

Göttlicher Jesus,
höre mein Beten,
ich will dich erfreuen
mit meiner Liebe,
du kennst meinen brennenden Wunsch,
dir allein zu gefallen,
erhöre mich.
Im traurigen Exil nehme ich die Prüfungen an,
um dich zu betören
und dein Herz zu trösten.
Verwandle in Liebe, was ich tue,
mein Bräutigam, geliebter Heiland.

Nach deiner Liebe,
Jesus, verlange ich,
deine Liebe möge mich verwandeln.
Lege mir ins Herz
die verzehrende Flamme.
So kann ich dich lieben und segnen.
Ja, ich kann dich lieben,
wie man liebt im Himmel
und wie man dort segnet.
Ich will dich lieben
mit der gleichen Liebe,
mit der du, Jesus, ewiges Wort,
mich liebst.

Göttlicher Heiland,
beim letzten Schritt
komm und hole mich,
ohne zu zögern.
Zeige mir deine unendliche Zärtlichkeit,
die Anmut deines göttlichen Blickes.
Mit Liebe rufst du mich;
deine Stimme sagt mir:
Komm, alles ist verziehen.
Ruhe dich aus, du treue Braut,
komm an mein Herz,
die du mich so sehr geliebt hast.

(Ende 1896 verfaßt für eine Schwester = P 41)

Bete für mich

Barmherziger Vater,
im Namen unseres gütigen Jesus,
der Jungfrau Maria
und der Heiligen
bitte ich dich,
durchdringe meine Schwester
mit deinem Geist der Liebe,
und schenke ihr die Gnade,
dazu beizutragen,
daß du sehr geliebt wirst.

(Brief vom 24. Februar 1897 an Pater Bellière = B 220; in diesem Brief bittet Therese ihn darum, täglich dieses Gebet für sie zu verrichten. Um das gleiche Gebet bittet sie auch Pater Roulland: B 189, 210; LC 166,171,175.)

Der Bräutigam naht …

„Es ist besser, mit Gott zu sprechen,
als von ihm,
denn in die geistlichen Gespräche
mischt sich viel Eigenliebe.“

„Eines Abend kam die Krankenwärterin [die Schwester, welche die Kranken versorgt], legte mir eine Wärmflasche auf die Füße und rieb mir die Brust mit einer Jodtinktur ein. Das Fieber verzehrte mich, und ein brennender Durst marterte mich. Während ich diese Behandlung aushalten mußte, konnte ich nicht umhin, mich bei unserem Herrn zu beklagen:

O Jesus, du bist Zeuge,
ich brenne schon,
und man bringt mir noch mehr Wärme und Feuer!
Könnte ich statt dessen
ein halbes Glas Wasser haben!
O Jesus!
Dein Töchterchen hat schrecklichen Durst.
Aber es ist doch glücklich über diese Gelegenheit,
das Notwendige zu entbehren,
um dir dadurch ähnlicher zu werden...

Bald darauf ging die Krankenwärterin fort, und ich erwartete nicht, sie vor dem nächsten Morgen wiederzusehen; aber zu meiner großen Überraschung kam sie nach einigen Minuten zurück und brachte mir ein erfrischendes Getränk... O wie gut ist doch unser Jesus! Und wie süß ist es, sich ihm anzuvertrauen!"

(April 1897 = LG 283)

Der Mutter Agnes, ihrer leiblichen Schwester Pauline, die an ihrem Krankenbett wacht, erzählt Therese, wie sie für sie betet: „Ich sage nicht etwa einige Vaterunser und Ave-Maria auf, sondern ich sage einfach aus ganzem Herzen:“

O mein Gott,
überschütte mein Mütterchen
mit allem erdenklich Guten,
und liebe sie noch mehr,
wenn du kannst.

(18. April 1897 = LG 38)

„Wie viele Gnaden werde ich für Sie [Mutter Agnes] erbitten, wenn ich im Himmel bin! Ich werde dem lieben Gott so lange in den Ohren liegen, bis ihn meine Zudringlichkeit zwingt, meine Wünsche zu erfüllen, wenn er mich zunächst auch eigentlich abweisen wollte. Diese Geschichte steht im Evangelium“ (vgl. Lk 11,5-8). *(21.-26. Mai 1897 = LG 49)*

Lieber Gott, wenn ich an dein Wort denke
„Siehe, ich komme bald,
und mit mir bringe ich den Lohn,
und ich werde jedem geben,
was seinem Werk entspricht“ (Offb 22,12),
dann wirst du bei mir in großer Verlegenheit sein.
Ich habe keine Werke!
Du wirst mir also nicht
nach meinen Werken vergelten können,
dann mußt du mich eben
nach deinen Werken vergelten …

(15. Mai 1897 = LG 43)

Lieber Gott,
ich bitte dich,
schenke Genesung
den armen kranken Missionaren,
die weder Zeit noch Mittel haben,
sich behandeln zu lassen,
durch die Medikamente,
die ich einnehme,
und durch die Bettruhe,
die ich genieße.

„Früher habe ich sehr darunter gelitten, daß ich teure Medikamente nehmen muß; jetzt macht mir das nichts mehr aus – im Gegenteil. Ich habe nämlich im Leben der heiligen Gertrud gelesen, daß sie es gerne tat, weil sie sich sagte, es wird denen nützen, die uns Gutes tun."

(21.-26. Mai 1897 = LG 48)

Jesus,
deine Arme
sind der Fahrstuhl,
der mich zum Himmel heben soll.
Ich brauche nicht zu wachsen,
im Gegenteil,
ich muß klein bleiben,
ja, mehr und mehr es werden.

(Ms C = SS 215)

Dein Kind, Herr,
hat dein göttliches Licht erkannt,
es bittet dich um Verzeihung für seine Brüder,
es ist bereit, das Brot der Schmerzen zu essen,
solange du es willst.
Es will sich von diesem
mit Bitternis beladenen Tisch,
an dem die armen Sünder essen,
nicht erheben vor dem Tag,
den du bezeichnet hast.
Darf es daher nicht auch in seinem Namen
und im Namen seiner Brüder sprechen:
Erbarme dich unser, Herr,
denn wir sind arme Sünder!
Herr, entlasse uns gerechtfertigt.
Mögen doch alle, die vom Licht des Glaubens
noch nicht erleuchtet werden,
endlich diesen Lichtschein erblicken!
Eine einzige Gnade erbitte ich von dir:
dich nie zu beleidigen!

(Ms C = SS 220)

Jesus, verzeihe mir,
falls ich dir Kummer bereitet habe.
Du weißt,
daß ich die Freude des Glaubens nicht genieße,
aber ich bemühe mich darum,
seine Werke zu tun.
Bei jeder Gelegenheit,
wenn der Feind mich zum Kampf herausfordert,
zeige ich mich tapfer.
Da ich weiß, daß es feige ist,
sich im Duell zu schlagen,
kehre ich meinem Gegner den Rücken,
ohne ihn eines Blickes zu würdigen.
Und ich eile zu dir, Jesus, und sage dir:
Ich bin bereit, bis zum letzten Blutstropfen
dafür Zeugnis abzulegen,
daß es einen Himmel gibt.
Ich bin froh, diesen schönen Himmel
nicht schon auf Erden zu genießen,
damit du ihn auch den Menschen,
die nicht glauben können,
für die Ewigkeit erschließt.
Obwohl es eine Prüfung für mich ist,
diese Freude nicht spürbar erleben zu können,
kann ich doch rufen:
„Du hast mich durch deine Taten froh gemacht;
Herr, ich will jubeln
über die Werke deiner Hände“ (Ps 92,5).

Denn gibt es eine größere Freude,
als um deiner Liebe willen zu leiden?
Je innerlicher das Leiden ist,
je weniger es vor den Augen der Menschen
in Erscheinung tritt,
um so mehr freut es dich, mein Gott.
Und selbst wenn du – was ja unmöglich ist –
von meinem Leiden nichts wüßtest,
so wäre ich auch dann glücklich zu leiden,
wenn ich dadurch ein einziges Vergehen
gegen den Glauben verhindern
oder wiedergutmachen könnte.

(Ms C = SS 222)

„Würde der liebe Gott meine guten Werke nicht sehen – was unmöglich ist – so würde mich das ganz und gar nicht betrüben. Ich liebe ihn so sehr, daß ich ihm Freude machen möchte, auch wenn er nicht weiß, daß ich es bin. Weiß er es, und sieht er es, so ist er gleichsam verpflichtet, es mir zu vergelten, und diese Mühe möchte ich ihm nicht machen." *(9. Mai 1897 = LG 43)*

O Herr,
ich weiß, daß du nichts Unmögliches befiehlst;
du kennst meine Schwachheit
und Unvollkommenheit besser als ich,
du weißt, daß ich meine Schwestern
niemals so lieben könnte,
wie du sie liebst,
wenn nicht du selbst, o mein Jesus,
sie in mir liebtest.
Weil du bereit warst,
mir diese Gnade zu gewähren,
hast du ein neues Gebot erlassen.
Oh! wie liebe ich es,
da es mir die Zuversicht schenkt,
daß es dein Wille ist,
alle in dir zu lieben,
die du mir zu lieben befiehlst.

(Ms C = SS 232f)

Allein die Liebe vermag
mein Herz auszuweiten.
Jesus, seitdem diese süße Flamme es verzehrt,
eile ich mit Freuden
auf dem Weg deines neuen Gebotes.
Ich will darauf weitereilen,
bis zu dem seligen Tag,
da ich vereint mit der Schar der Jungfrauen
dir in die unendlichen Weiten folgen
und dein neues Lied singen werde,
welches das Lied der Liebe sein muß.

(Ms C = SS 239)

Der „göttliche Dieb“

„Im Evangelium steht (vgl. Mt 24,43f), der liebe Gott wird kommen wie ein Dieb. Er wird kommen und mich ganz sanft stehlen. O wie gerne möchte ich dem Dieb dabei helfen!“ *(9. Juni 1897 = LG 64)*

„Ich fürchte den Dieb nicht. Ich sehe ihn von ferne, und ich hüte mich zu schreien: Haltet den Dieb! Im Gegenteil, ich rufe ihn und sage: Hierher bitte, hierher bitte!“ *(9. Juni 1897 = LG 65)*

„Wenn ich vom Dieb spreche, meine ich nicht den kleinen Jesus, sondern den ‚großen‘ lieben Gott.“ *(13. Juni 1897 = LG 67)*

„Jedesmal, wenn es mir schlechter geht, sehe ich den Dieb wieder. Aber auch wenn ich ihn nicht sehen würde – ich liebe ihn so, daß ich immer mit allem zufrieden bin, was er tut. Ich würde ihn nicht weniger lieben, wenn er mich stehlen käme, im Gegenteil... Wenn er mich täuscht, so sage ich ihm so viele Liebenswürdigkeiten, daß er nicht mehr weiß, was er mit mir machen soll.“ *(6. Juli 1897 = LG 81)*

Nach einer Visite, als der Arzt ihr mitteilte, es gehe ihr besser: „Der Dieb ist wieder gegangen. Nun ja, wie der liebe Gott will!“ *(9. Juli 1897 = LG 259)*

„Wo ist wohl jetzt der Dieb? Es ist nicht mehr die Rede von ihm. Er ist hier! Er ist in meinem Herzen.“ *(25. Juli 1897 = LG 119)*

„Wenn der Dieb mich fortträgt, wird man mir diese Kerze in die Hand geben. Aber den Leuchter soll man mir nicht geben, er ist zu häßlich.“ *(30. Juli 1897 = LG 313)*

„Der Dieb wird kommen und mich mitnehmen. Halleluja.“ *(31. Juli 1897 = LG 133)*

„Ich muß sehr lieb sein und den Dieb freundlich erwarten.“ *(31. Juli 1897 = LG 134)*

„Ich kann nicht sterben. Ich glaube, ich muß jetzt sehr lieb sein und ganz brav auf den Dieb warten.“ *(31. Juli 1897 = LG 313)*

„Ich finde, es wäre lieb von ihm, er würde mich stehlen.“ *(15. August 1897 = LG 264)*

„Wenn ich einen Fehler begangen habe, der mich traurig macht, dann bleibe ich nicht dabei stehen. So dumm bin ich nicht! Ich beeile mich, dem lieben Gott zu sagen:“

Mein Gott, ich weiß,
ich habe dieses Gefühl der Traurigkeit verdient,
aber ich will es dir aufopfern
als eine Prüfung,
die du mir aus Liebe schickst.
Es tut mir leid,
daß ich gefehlt habe;
aber ich freue mich,
diesen Schmerz zu haben,
um ihn dir aufzuopfern.

(3. Juli 1897 = LG 77)

Warum ich dich liebe, Maria

Im letzten Marienmonat ihres Lebens schreibt Therese ihr letztes und größtes Gedicht (25 Strophen mit je acht Zeilen)[25].
„Mein kleines Gedicht drückt alles aus, was ich über Maria denke und predigen würde, wenn ich Priester wäre."

Wenn ich dein Leben betrachte,
wie es das Evangelium beschreibt,
wage ich es, dich anzuschauen
und mich dir zu nähern;
dann fällt es mir nicht schwer,
mich als dein Kind anzusehen,
denn hier sehe ich dich sterblich
und leidend wie mich selbst...

Ich liebe dich, und ich nenne dich
die kleine Magd dieses Gottes,
den du durch deine Demut entzückst.
Diese große Tugend macht dich allmächtig;
sie zieht die heilige Dreifaltigkeit in dein Herz.
Es überschattete dich der Geist der Liebe,
und der Sohn, dem Vater wesensgleich,
hat in dir Fleisch angenommen...

O Maria, du weißt es: trotz meiner Kleinheit
besitze ich – wie du – in mir den Allmächtigen.

Doch auch wenn ich meine Schwäche sehe,
zittere ich nicht, denn der Reichtum der Mutter
gehört auch dem Kind...
Ich bin dein Kind, o vielgeliebte Mutter!
Deine Tugenden, deine Liebe,
gehören sie nicht auch mir?...

Du läßt mich erkennen:
Es ist nicht unmöglich,
auf deinen Spuren zu wandeln,
du Königin der Auserwählten!
Du hast den schmalen Weg
zum Himmel geoffenbart,
indem du stets die schlichtesten Tugenden übtest.
Maria, wenn ich bei dir bin,
freut es mich, klein zu bleiben...

Große Dinge hat der Allmächtige an dir getan;
ich will sie bedenken, um ihn dafür zu preisen...

O wie liebe ich dein beredtes Schweigen!
Es ist für mich süße, wohlklingende Musik.
Sie kündet mir von der Größe und Allmacht
einer Seele, die sich Hilfe
allein vom Himmel erwartet...

Sag Jesus, er möge niemals
auf mich Rücksicht nehmen!

Gerne kann er sich verbergen;
ich bin bereit, auf ihn zu warten
bis zum Tag ohne Untergang,
an dem mein Glaube erlöschen darf...

Bald werde ich hingehen,
um dich im schönen Himmel zu schauen.
Du, die du am Morgen meines Lebens
mir zulächeltest,
komm, Mutter,
und schenke mir nochmals dein Lächeln!
Sieh, der Abend ist da.
Ich fürchte den Glanz
deiner Herrlichkeit nicht mehr,
habe ich doch mit dir gelitten...
Nun will ich es dir auf deinen Knien singen,
warum ich dich liebe...

(Mai 1897 = P 54)

„Ich habe Maria gebeten, sie möge mir gewähren, daß ich nicht mehr so schläfrig und benommen bin wie in all diesen Tagen. Ich fühlte, daß ich euch Kummer machte. Heute abend hat sie mich erhört...

Um euch Freude zu machen, möchte ich einen schönen Tod haben. Ich habe Maria darum gebeten, nicht den lieben Gott, denn ich möchte ihn machen lassen, was er will. Maria bitten ist nicht dasselbe. Sie weiß genau, was sie mit meinen kleinen Wünschen machen soll, ob sie sie weitersagen soll oder nicht... Mit einem Wort, es ist ihre Sache, es so einzurichten, daß der liebe Gott sich nicht gezwungen fühlt, mich zu erhören, sondern daß er frei bleibt, in allem seinen Willen zu tun.“ *(4. Juni 1897 = LG 57f)*

„Maria erledigt meine Aufträge gut, ich werde ihr wieder einmal einen geben!“ *(10. Juni 1897 = LG 66)*

„Wann wird er kommen, geliebte Mutter,
wann wird er kommen, der schöne Tag,
wo ich aus meiner Verbannung hienieden
eingehen werde ins ewige Leben?“
(6. August 1897 = LG 148)

„Gestern abend bat ich Maria, nicht mehr husten zu müssen, damit Schwester Genoveva [ihre Schwester Céline] schlafen könne. Aber ich fügte hinzu: Wenn du es nicht tust, werde ich dich noch mehr lieben.“ *(15. August 1897 = LG 164)*

„Ich kann nicht beten! Ich kann nur Maria anschauen und sagen: Jesus!“ *(16. August 1897 = LG 247)*

„Heute nacht konnte ich nicht mehr; ich bat Maria, sie möge meinen Kopf in ihre Hände nehmen, damit ich es ertragen könne.“ *(19. August 1897 = LG 169)*

„Wie gerne wäre ich Priester gewesen, um über Maria predigen zu können! Ein einziges Mal hätte mir genügt, um alles zu sagen, was ich über sie denke.“ *(21. August 1897 = LG 177f)*

„Maria, das ist der Grund, warum ich fort möchte:
Ich ermüde meine Schwesterchen zu sehr.
Ich mache ihnen Kummer, weil ich so krank bin.
Ja, ich möchte gerne fort!
Maria, hab’ Mitleid mit mir.
Für dieses eine Mal!“
(28. August 1897 = LG 192f)

Nachdem Therese lange eine Marienstatue angeschaut hatte: „Wer hätte wohl Maria erfinden können?“ *(31. August 1897 = LG 196)*

„O Maria,
wenn ich die Königin des Himmels wäre
und du Therese wärest,
dann würde ich Therese sein wollen,
damit du die Königin des Himmels sein kannst.“
(8. September 1897 = G 21)

„Ich habe inbrünstig zu Maria gebetet. Aber es ist die reine Agonie ohne jeden Trost: Maria, komm mir zu Hilfe! Oh! Du weißt, daß ich ersticke!“ *(30. September 1897 = LG 226f)*

Mein Gott,
mit Hilfe deiner Gnade
bin ich bereit,
für meinen Glauben
mein Blut zu vergießen.

(Juni/Juli 1897 = G 19)

Jesus, als du auf der Erde lebtest, hast du gesagt: „Lernt von mir, ich bin gütig und von Herzen demütig, so werdet ihr Ruhe finden für eure Seele“ (Mt 11,29).

Allmächtiger Herr der Himmel, meine Seele findet Ruhe, wenn sie auf dich schaut...

Du hast dich herabgelassen und den Aposteln die Füße gewaschen. Ich erinnere mich an die Worte, die du gesprochen hast, um mich zu lehren, wie man die Demut lebt: Ich habe dir ein Beispiel gegeben, damit du so handelst, wie ich es getan habe. Der Sklave ist nicht größer als sein Herr... Selig seid ihr, wenn ihr das wißt und danach handelt (vgl. Joh 13,15-17).

Ich verstehe diese Worte, Herr, die aus deinem demütigen und gütigen Herzen kommen. Ich will danach handeln – mit der Hilfe deiner Gnade.

Ich möchte klein werden und meinen Willen hintanstellen hinter dem meiner Schwestern. Ich will ihnen in nichts widersprechen und nicht nachfragen, ob sie das Recht haben, mir etwas zu befehlen, oder nicht. Niemand, mein Geliebter, hätte dir gegenüber das Recht, und dennoch hast du gehorcht – nicht nur deiner Mutter und dem heiligen Josef, sondern auch deinen Henkern.

Jetzt sehe ich dich in der Hostie, dem Gipfel deiner Erniedrigung... O mein Geliebter, unter der Gestalt der weißen Hostie erscheinst du demütig und gütig von Herzen. Um mich die Demut zu lehren, konntest du dich nicht noch kleiner machen.

So möchte auch ich auf deine Liebe antworten und wünschen, daß meine Schwestern mich immer an den letzten Platz stellen und mich überzeugen, daß dies mein Platz ist.

Ich flehe zu dir, mein göttlicher Jesus, demütige mich jedes Mal, wenn ich versuche, mich über die anderen zu erheben. Ich weiß, mein Gott, du erniedrigst die Hochmütigen und schenkst denen, die sich erniedrigen, eine Ewigkeit in der Herrlichkeit. Ich möchte auf dem letzten Platz stehen, teilhaben an deinen Demütigungen, um teilzuhaben an dir im Reich der Himmel.

Aber, Herr, du kennst meine Schwachheit. Jeden Morgen nehme ich mir vor, demütig zu sein, und am Abend erkenne ich, daß ich sehr oft hochmütig gewesen bin. In dieser Hinsicht bin ich versucht, den Mut zu verlieren, aber ich weiß, auch die Entmutigung kommt aus dem Stolz.

Also will ich, mein Gott, meine Hoffnung auf dich allein setzen, denn du bist allmächtig.

(16. Juli 1897 = G 20)

O mein Gott,
ich möchte dich gut verstehen.
Ich flehe dich an, antworte mir,
wenn ich dich demütig frage:
Was ist die Wahrheit?
Gib, daß ich die Dinge so sehe, wie sie sind,
daß ich mir durch nichts
Sand in die Augen streuen lasse.

(21. Juli 1897 = LG 114)

„Der Gerechte mag mich schlagen aus Güte: Wenn er mich bessert, ist es Salböl für mein Haupt.“ (Ps 141,5)

„Nur von Gerechten werde ich gebrochen, geprüft, weil alle meine Schwestern Gott wohlgefällig sind. Es ist weniger bitter, von einem Sünder geschlagen zu werden, als von einem Gerechten.“

Aus Mitleid mit den Sündern,
um ihre Bekehrung zu erlangen,
bitte ich dich, o mein Gott,
für sie gebrochen zu werden
durch die gerechten Seelen, die mich umgeben.
Ich bitte dich auch, daß das Öl des Lobes,
das der Natur so wohltut,
meinen Kopf, das heißt meinen Geist
nicht verweichlicht,
indem es mich glauben läßt,
daß ich Tugenden besitze,
die ich kaum einige Male geübt habe.
O Jesus, dein Name ist wie ausgegossenes Öl,
in diesem göttlichen Duft
will ich mich ganz und gar baden,
weit weg vom Blick der Geschöpfe (vgl. Hld 1,3).

(Brief vom 22. Juli 1897 an Schwester Genoveva = B 259)

Lange noch will ich leben,
Herr, wenn so du's gedacht,
dir nach zum Himmel streben,
wenn es dir Freude macht.
Die drüben die Himmlischen erben,
die Liebe verzehrt mich schon hier.
Was kümmert mich Leben, was Sterben,
mein Glück ist die Liebe zu dir.

(2. August 1897 = LG 140)

O mein Gott,
wie zart bist du zu mir!
Sogar jetzt, da du zu den Prüfungen der Seele
das äußere Leiden hinzufügst,
kann ich nicht sagen:
„Mich umfangen die Fesseln des Todes“
(vgl. Ps 18,5),
sondern ich rufe in meiner Dankbarkeit:
„Muß ich auch wandern in finsterer Schlucht,
ich fürchte kein Unheil;
denn du bist bei mir“ (Ps 23,5).

(Brief vom 3. August 1897 an Schwester Genoveva = B 262)

„Mein kleines Leben besteht darin, daß ich leide; das ist alles! Ich könnte nicht sagen: Mein Gott, das ist für die Kirche, mein Gott, das ist für Frankreich usw. Der liebe Gott weiß genau, was er damit machen soll. Ich habe ihm alles gegeben, um ihm Freude zu machen. Und übrigens würde es mich zu sehr anstrengen, ihm zu sagen: Gib das dem Peter, gib das dem Paul. Das tue ich nur schnell, wenn eine Schwester mich darum bittet, und nachher denk' ich nicht mehr daran. Wenn ich für meine Missionsbrüder bete, opfere ich nicht meine Leiden auf. Ich sage ganz einfach: Mein Gott, gib ihnen alles, was ich mir für mich selber wünsche." *(4. August 1897 = LG 145)*

O mein Gott,
ich bitte dich,
bewahre mich vor dem Unglück,
untreu zu sein.

(7. August 1897 = LG 153)

Einer Schwester, die ihr sagte, sie habe darum gebetet, daß sie nicht so viel leiden müsse, antwortete Therese:
„Ich habe den lieben Gott darum gebeten, kein Gebet zu erhören, das die Erfüllung seiner Pläne für mich hindern würde, und alle entgegenstehenden Schwierigkeiten aus dem Weg zu räumen.“ *(10. August 1897 = LG 263)*

Ich sage dem lieben Gott, daß alle Gebete, die man für mich verrichtet, nicht der Linderung meiner Leiden dienen, sondern den Sündern zugute kommen sollen.

(26. August 1897 = LG 321)

Ich bekenne Gott, dem Allmächtigen,
der seligen, allzeit reinen Jungfrau Maria
und allen Heiligen,
daß ich viel gesündigt habe . . .

„Ja, es ist gut, daß man in diesem Augenblick von Gott und allen Heiligen Verzeihung für mich erfleht. Ich fühlte mich wie der Zöllner, als eine große Sünderin. Ich fand den lieben Gott so barmherzig! Ich fand es so ergreifend, daß man sich an den ganzen himmlischen Hof wandte, um durch seine Fürsprache die Verzeihung Gottes zu erlangen." *(12. August 1897 = LG 161)*

„Nicht zum ersten Platz, nein zum letzten eile ich hin; statt mit dem Pharisäer vorzutreten, wiederhole ich voll Vertrauen das demütige Gebet des Zöllners:
Gott, sei mir Sünder gnädig!" *(Ms C = SS 275)*

„Zum Glück habe ich nicht um Leiden gebeten. Hätte ich darum gebeten, müßte ich befürchten, daß ich nicht die Geduld aufbrächte, es zu ertragen; so aber, da es einzig der Wille Gottes ist, kann er mir die nötige Geduld und Gnade nicht vorenthalten." *(26. August 1897 = LG 321)*

„Wieviel Mut brauche ich, um ein Kreuzzeichen zu machen!“

Mein Gott! Mein Gott!
Hab’ Mitleid mit mir!

„Das ist alles, was ich noch sagen kann.“
(20. September 1897 = LG 214; vgl. 31. August 1897 = LG 195; 24. September 1897 = LG 220)

„Ich kann nicht schlafen, ich habe zu große Schmerzen. So bete ich. Ich sage nichts zu Jesus. Ich liebe ihn.“ *(September 1897 = LG 252)*

Ja, mein Gott,
ja, mein Gott,
ich will alles, gerne!

(29. September 1897 = LG 225)

An ihrem Todestag

O mein Gott!
Ich liebe ihn, den lieben Gott!
Wenn das der Todeskampf ist,
was ist dann der Tod?!
Ah, guter Gott!
Ja, er ist gut, ich finde ihn sehr gut.

Mein Gott, hab Mitleid
mit deinem armen, kleinen Mädchen!
Hab Mitleid mit ihm!

Ja, mein Gott, alles, was du willst,
aber hab Mitleid mit mir!

Mein Gott, mein Gott!
Du, der du so gut bist!
O ja, du bist gut. Ich weiß es ...

Mein Gott! ... Ich liebe dich!

Ja, mein Gott, ... ja!

(30. September 1897 = LG 227-232)

Zeittafel zum Leben der Therese von Lisieux

2. 1. 1873	Geburt in Alençon
28. 8. 1877	Tod der Mutter
15. 11. 1877	Umzug nach Lisieux in das Haus „Les Buissonnets“
1881–1886	Halbpensionärin in der Abteischule, danach erhält Therese aus gesundheitlichen Gründen Privatunterricht
8. 5. 1884	Erstkommunion
29. 11. 1887	Audienz bei Papst Leo XIII. Therese bittet um die Genehmigung zum Eintritt in den Karmel
9. 4. 1888	Eintritt in den Karmel von Lisieux
10. 1. 1889	Einkleidung
8. 9. 1890	Feierliche Profeß
ab Februar 1893	Mithilfe bei der Ausbildung der Novizinnen
29. 7. 1894	Tod des Vaters
30. 9. 1897	Tod der Therese

Abkürzungen

B = Briefe Thereses mit Angabe der Briefnummer

G = Gebete

LG = Letzte Gespräche

Ms A = Manuskript A, auf Bitten von Pauline, ihrer leiblichen Schwester, die im Karmel von Lisieux ihre Priorin war, Mutter Agnes, verfaßt zwischen Januar 1895 und Januar 1896 (= SS 1-187)

Ms B = Manuskript B, ein Brief an Marie, ihre älteste Schwester, die auch Karmelitin war (Schwester Marie du Sacré-Cœur), verfaßt zwischen dem 13. und 16. September 1896 (= SS 191-208)

Ms C = Manuskript C, an ihre Priorin Marie de Gonzague gerichtet, verfaßt im Juni 1897 (= SS 211-275)

P = Poésies (Gedichte)

SS = Selbstbiographische Schriften

Texte der Therese von Lisieux

Therese vom Kinde Jesus, Selbstbiographische Schriften im Urtext, (Johannes Verlag) Einsiedeln [10]1984 (abgekürzt: SS)

Therese Martin, Ich gehe ins Leben ein. Letzte Gespräche der Heiligen von Lisieux, (Johannes-Verlag) Leutesdorf [2]1982 (abgekürzt: LG)

Therese Martin, Briefe, (Johannes-Verlag) Leutesdorf [3]1983 (abgekürzt: B)

Sainte Thérèse de l'Enfant-Jésus e de la Sainte-Face, Poésies, (Editions du Cerf et Desclée de Brouwer) Paris 1979 (abgekürzt: P)

Sainte Thérèse de l'Enfant-Jésus e de la Sainte-Face, Prières. L'offrande à l'amour miséricordieux, (Editions du Cerf et Desclée de Brouwer) Paris 1988 (abgekürzt: G)

Literatur über Therese von Lisieux

Adelkamp, Alfons W., Jesus – unser Bruder. Die Christusgestalt der Therese von Lisieux, (Kaffke) Aschaffenburg 1978

Balthasar, Hans Urs von, Schwestern im Geist. Therese von Lisieux und Elisabeth von Dijon, Einsiedeln ³1978

Beierle, Theophan, Ein Weg für alle – Therese von Lisieux, (Kaffke) Aschaffenburg ³1978

Breig, Maximilian, Mehr Mutter als Königin. Die Marienverehrung der heiligen Therese vom Kinde Jesus, (Johannes-Verlag) Leutesdorf ²1985

Gaucher, Guy, Der Leidensweg der heiligen Therese von Lisieux, (Johannes-Verlag) Leutesdorf ²1985

Gutting, Ernst, Nur die Liebe zählt. Die Mission der Therese Martin, ein Weg für alle, (Johannes-Verlag) Leutesdorf ⁴1981

Herbstrith, Waltraud, Therese von Lisieux. Anfechtung und Solidarität, (Kaffke) Aschaffenburg ³1979

dies., Verweilen vor Gott – mit Teresa von Avila, Johannes vom Kreuz, Theresia von Lisieux, Edith Stein, (Herder) Freiburg ⁵1985

dies., Theresia von Lisieux – Meditationen im Alltag, (Verlag der Schulbrüder) Karlsruhe ⁴1987

dies., Das Phänomen der Wüste bei Therese von Lisieux, in: Christliche Innerlichkeit, hrsg. vom Teresianischen Karmel Wien, 23. Jahrg., 1988, Heft 3 und 4, S. 144f

Im Herzen der Kirche. Therese von Lisieux und ihre Sendung (= Christliche Innerlichkeit, hrsg. vom Teresianischen Karmel Wien, 8. Jahrg., 1972, Heft 2 und 3)

Martin, Céline, Die kleine Therese von Lisieux. Aufzeichnungen und Erinnerungen ihrer Schwester, (Verlag Neue Stadt) München; Zürich; Wien ^{2}1988

Martin, Zélie, Briefe der Mutter der Therese von Lisieux, (Johannes-Verlag) Leutesdorf ^{2}1985

Piat, Stephan J., Geschichte einer Familie. Die Eltern der heiligen Therese vom Kinde Jesu, (Johannes-Verlag) Leutesdorf 1983

Six, Jean-François (Text)/Loose, Helmuth Nils (Bilder), Theresia von Lisieux, (Herder) Freiburg 1979

Anmerkungen

1 „Das Evangelium gibt mir vor allem anderen das Nötige für das innere Gebet, in ihm finde ich alles, was meine arme, kleine Seele braucht. In ihm entdecke ich immer neue Klarheiten, verborgene und geheimnisvolle Bedeutungen." (Ms A = SS 184)

2 „Natürlich behält ihr Bericht die Eierschalen jenes blumigen Lebens- und Schreibstils ihrer Zeit, von dem umgeben sie aufwuchs." (Hans Urs von Balthasar, in: SS VII)

3 „Das Gebet und das Opfer – darin liegt meine ganze Kraft. Das sind die unbesiegbaren Waffen, die Jesus mir gegeben hat. Viel mehr als Worte vermögen sie die Seelen zu treffen. Diese Erfahrung habe ich sehr oft gemacht." (Ms C = SS 253)

4 Therese Martin, Ich gehe ins Leben ein. Letzte Gespräche der Heiligen von Lisieux, (Johannes-Verlag) Leutesdorf [2]1982, 114

5 Ebd., 157

6 Céline Martin, Die kleine Therese von Lisieux. Aufzeichnungen und Erinnerungen ihrer Schwester, (Verlag Neue Stadt) München [2]1988, 121f.

7 Vgl. Briefe der Theresia Martin I, (Johann Josef Zimmer-Verlag) Trier [4]1966, 81

8 Vgl. Walter Kasper, Einführung in den Glauben, (Matthias-Grünewald-Verlag) Mainz 1972, 36f.

9 Therese von Lisieux, Geschichte einer Seele und weitere Selbstzeugnisse, gesammelt, übersetzt und

eingeleitet von Otto Karrer, (Verlag Ars sacra Josef Müller) München o.J., 203

10 Therese Martin, Ich gehe ins Leben ein. Letzte Gespräche der Heiligen von Lisieux, (Johannes-Verlag) Leutesdorf, ²1982, 169

11 Die letzten Worte der Theresia Martin, (Johann Josef Zimmer-Verlag) Trier ²1963, 141

12 Therese Martin, Ich gehe ins Leben ein. Letzte Gespräche der Heiligen von Lisieux, (Johannes-Verlag) Leutesdorf ²1982, 97

13 Céline Martin, Die kleine Therese von Lisieux. Aufzeichnungen und Erinnerungen ihrer Schwester, (Verlag Neue Stadt) München ²1988, 49

14 Vgl. Therese Martin, Ich gehe ins Leben ein. Letzte Gespräche der Heiligen von Lisieux, (Johannes-Verlag) Leutesdorf ²1982, 124

15 Therese vom Kinde Jesus, Selbstbiographische Schriften, (Johannes Verlag) Einsiedeln 1958, 5

16 Die letzten Worte der Theresia Martin, (Johann Josef Zimmer-Verlag) Trier ²1963, 62

17 Vgl. Josef Sudbrack, Meditation: Theorie und Praxis, (Verlage Echter und Katholisches Bibelwerk) Würzburg und Stuttgart 1971, 56

18 Ebd., 98

19 H. Petitot OP, Die heilige Theresia vom Kinde Jesu. Eine geistige Wiedergeburt, (St.-Josephs-Verlag) Reimlingen 1928, 121

20 Elia von Jesus (Elisabeth Krakau), Geistige Kindheit und mündiges Christentum. Der kleine Weg der heiligen Therese vom Kinde Jesu im Lichte der Heiligen Schrift, in: Christliche Innerlichkeit, hrsg.

vom Teresianischen Karmel Wien, 5. Jahrg., 1969/70, Heft 5, 29

21 Sainte Thérèse de l'Enfant-Jésus et de la Sainte-Face, Derniers Entretiens, (Desclée de Brouwer – Editions du Cerf) Paris 1971, 369

22 Josef Sudbrack, Meditation: Theorie und Praxis, (Verlage Echter und Katholisches Bibelwerk) Würzburg und Stuttgart 1971, 102f.

23 Maurice Bellière geht am 1. Oktober 1897, einen Tag nach dem Tod der Therese, nach Algerien in die Mission. Dort tritt er in den Orden der Weißen Väter ein und wird am 29. Juni 1901 zum Priester geweiht. 1906 kehrt er, von der Schlafkrankheit befallen, nach Frankreich zurück, wo er am 14. Juli 1907 stirbt.

24 Vgl. Johannes vom Kreuz, Geistlicher Gesang, Erklärung zur 9. Strophe

25 Der vollständige Text findet sich in: Maximilian Breig, Mehr Mutter als Königin, (Johannes-Verlag) Leutesdorf 1979, 101-111

Inhalt

von D. Pöttmüller nur PU